微霜集

欧阳卫民 著

清华大学出版社

北 京

图书在版编目 (CIP) 数据

微霜集 / 欧阳卫民著 . —北京：清华大学出版社，2024.6
ISBN 978-7-302-65966-2

Ⅰ. ①微⋯　Ⅱ. ①欧⋯　Ⅲ. ①杂著—中国—现代　Ⅳ. ① Z429.7

中国国家版本馆 CIP 数据核字 (2024) 第 069114 号

责任编辑：刘　晶
封面设计：徐　超
版式设计：方加青
责任校对：宋玉莲
责任印制：沈　露

出版发行：清华大学出版社
　　　　　网　　　址：https://www.tup.com.cn，https://www.wqxuetang.com
　　　　　地　　　址：北京清华大学学研大厦 A 座　　　　邮　　编：100084
　　　　　社 总 机：010-83470000　　　　　　　　　　邮　　购：010-62786544
　　　　　投稿与读者服务：010-62776969，c-service@tup.tsinghua.edu.cn
　　　　　质 量 反 馈：010-62772015，zhiliang@tup.tsinghua.edu.cn
印 装 者：三河市东方印刷有限公司
经　　销：全国新华书店
开　　本：170mm×240mm　　　印　　张：17　　　字　　数：231 千字
版　　次：2024 年 6 月第 1 版　　　印　　次：2024 年 6 月第 1 次印刷
定　　价：79.80 元

产品编号：105082-01

作者简介

欧阳卫民，博士、研究员，享受政府特殊津贴。

著有《债券、基金和货币市场》《中国消费经济思想史》《儒家文化与中国经济》《二十世纪重要经济学家货币金融思想》《银行哲学大纲》等30余部作品，并在《诗刊》《延河》等文学杂志上发表过作品。

序

这本集子取名《微霜集》，源于苏东坡熙宁八年（1075）任密州太守时写的《江城子·密州出猎》："鬓微霜，又何妨！"

主要考虑是，这本集子里的文章都是我56岁到58岁这个期间写的。按现代社会的标准，这个年龄段虽不是"老夫"，但也绝不是"少年"了。从心理年龄上讲，可能和密州狩猎时的苏东坡有些接近。相当于四季之中的初秋吧！集子里文章，有些是周末写的，有些是在旅途之中写的，其中的感受与苏东坡的人生感悟很相似。

从思想深度看，这些文章还算不上成熟，文字表达谈不上老练，编排归类也有待推敲或斟酌。

我十分欣赏苏东坡、毛泽东等先辈的人生态度。既看到人生苍凉、无奈的一面，更看到其美好、积极、可为的一面。"鬓微霜，又何妨！""会挽雕弓如满月，西北望，射天狼。""一年一度秋风劲，不似春光。胜似春光，寥廓江天万里霜。""自信人生二百年，会当水击三千里。"雄心犹在，初心不改。

感谢清华大学出版社！感谢刘晶老师！感谢所有为本书写作和出版提供帮助的朋友们！

欧阳卫民

二〇二一年八月二十一日于北京

目录

游弋人海 / 111

经世济民 / 161

日出日落

太太

胡适提出的新三从四德，是丈夫的行为规范、太太的金科玉律，更是夫妻和谐相处的奥妙所在。"太太出门要跟从，太太命令要服从，太太说错要盲从；太太化妆要等得，太太打骂要忍得，太太生日要记得，太太花钱要舍得。"虽然是调侃，但很多男人真的做不到。一般来说，他们比较有主见，富有反抗精神，相对独立，缺乏耐心，不够细心。所以，夫妻间摩擦不断，吵闹是家常便饭，婚姻生活也就不那么幸福和谐。

在男权时代，大多数男人心目中的理想太太，是跟班、随从、女仆、传宗接代的机器。殊不知，男女平等以后，特别是随着女权主义兴起，越来越多的女人心目中的理想丈夫，也是跟班、随从、男仆和偶尔娱乐的合法工具。问题出来了：男女互不相让，结果造成大量的单身男女和越来越高的离婚率。

窝囊的好丈夫，往往有一个不太安分的坏太太。武大郎和潘金莲的故事，妇孺皆知；戴莫夫医生和跳来跳去的女人奥莉加·伊凡诺夫娜，斯特鲁奇科夫和卡佳的故事，大家未必熟悉。不过把三个故事扯在一起，大家心里多少明白了。"啊，女人的神经！"契诃夫这么感叹！（《在催眠术表演会上》）

管好身边的人不是一件容易的事。因为是身边人，所以，待之更宽容；因为是利益共同体，所以，有时甚至会默认、怂恿她们。太太是男人一生真正的身边人。无论你有多么显赫的地位，多么巨大的财富，在一些太太眼里，丈夫永远是一个普通的男人，一个俗人。不够自律、不够严厉的男人，绝对对付不了她们。

大多数家庭的氛围，取决于太太的脾气。太太脾气好，家庭氛围好；

太太脾气差，家庭氛围好不了。好脾气比相貌、财富、智慧更能创造家庭幸福！尽管年轻人死活不相信这一点，往往把美貌放在第一位。

男人若要与女人相处好，谈恋爱时，要把女朋友当太太来看；结婚以后，要把太太当女朋友来哄。同样，女人若要与男人相处好，谈恋爱时，要把男朋友当丈夫来考察和要求；结婚以后，要把丈夫当男朋友一样关爱和迁就。

天下没有完美的太太，正像没有十全十美的先生一样。艺术家的气质，明星的形象；运动员的身体，菩萨的心肠；羔羊般温柔，母亲般关爱；任劳任怨，无怨无悔……这是对太太们不切实际的幻想，近乎苛求，因此注定不可能实现。

幸福的太太都是一样的，不幸的太太各有各的不幸。自古以来，不幸的太太，其结局莫过于陪葬、殉葬、守寡、失独、"七出"、丈夫窝囊，等等。随着文明进步、观念转变，原有的、传统的、制度性的、习俗性的不幸，已大部分根除。现代太太们的不幸，大多限于情感领域和自身原因。

宠物

　　心爱、亲近之物谓之宠物。例如，小狗、小猫之类的动物。养于身旁，亲爱有加；抚其皮毛，视若己出。

　　除了猫狗外，也有人养兔子、公鸡、乌龟、鹦鹉的。天下之大，无奇不有；爱好之广，难以名状。

　　养之然后知之，知之然后爱之。宠物不言，其心透亮：饥则欲食，渴则欲饮；醒则游戏，困则养神。无功名利禄之心，有好恶亲疏之别。讲卫生，爱干净。知足感恩，不知贪婪为何物；自然本真，未闻虚伪做何用。争斗于明处，恨意不终朝。独立自信，不以己悲。蒙圈若婴儿，忠诚赛关公。一日不见如隔三秋；浑然不知谁主谁奴、谁人谁畜。

　　宠物也有值得学习的地方：终日不语，远离是非。不贪不纵，随遇而安。至纯至仆，心宽体健。宠辱不惊，生死看淡。

　　从经济上说，养宠物不比养孩子花钱少。宠物门店越开越多，越开越豪华。说宠物经济是新经济的一支，毫不夸张。有人宁愿养宠物，也不愿意生孩子养孩子，这里有个人志趣和价值观的原因，也有人性、社会的原因。

　　宠物或有灵性。这种灵性是源于本能抑或观察并加以简单思考，不得而知。它会上床头唤醒主人，在主人情绪低落时抚慰主人，在主人学习时保持安静。

　　宠物可以做伴，对单身人士、老人来说这尤其明显。虽然宠物不能对话，但它们愿意"倾听"，也愿意"互动"。它让主人的房间充满生机与活力，让主人的生活更有趣味和意义。

　　在农村，猫狗多是放养的，自由自在的。一般的动物在主人那儿都具有实用价值，包括猫和狗：牛是耕地的，猪羊是食用的，鸡鸭是下蛋的，狗是守家的，猫是捉老鼠的……总之少有"宠物"一说。宠物主要是城市文化的一部分。

西周太保召公上《旅獒》断言："玩人丧德，玩物丧志。"（《尚书·周书》）具体说来：无论君子小人都不能戏弄（狎侮），非本土动物（"犬马非其土性不畜，珍禽奇兽不育于国。"）不宠，远物不宝。太保文中提到的"物"原指方物，包括宠物（动物，獒）和地方工艺品之类。随着物的范围扩大，加之提倡为了实现理想而刻苦奋斗，后世中国人的娱乐活动和个人爱好不断被挤压，乃至于除了读书、工作不能有任何身体放松、精神释放的方式。这是不对的，甚至是有害的。事实证明，玩物未必丧志，适可而止则矣。枯槁的人生与僵尸无异。

堵车

堵车是现代文明病，尤其是现代城市病。时速多少算堵车？应该量化并且适时调整。北京号称堵车情况下时速 19 千米，实际上，正常上下班时段，时速不到 10 千米。汽车像蜗牛一样爬行。

堵车让人心烦意乱，毫无幸福感可言。造成这种状况，有人多车多路面少的原因，更有城市建设和管理理念不当的原因。比如，办公区和生活区人为分开，并且相距遥远，造成车流人流潮汐现象；又如，政府有地就卖，商人见缝插楼，居民数、汽车保有量、车位等与出行道路匹配度没有精准测算；平面交通导致红绿灯过多；交通管制也会导致交通网络大面积停摆；统一时间上下班，统一时间上下学，线上办公和教学利用得不够充分；公共设施过于集中等，都是造成堵车的人为原因。

堵车问题一时难以彻底解决，个人的力量也很微薄，只能随遇而安——听听新闻，满足好奇心；欣赏音乐，放松心情。在座位上放一个电动按摩器，使久坐的身体不至于僵硬。如此等等都是应对堵车的办法。

城市建设"以车为本"的理念是非常错误的。大多数人的日常活动半径在三公里以内，因此人行道建设极其重要。人行道必须绿色环保、宽敞、无障碍、可达性高。还有一些人的活动半径在八公里以内，自行车等非机动车可以解决交通问题。因此，非机动车道的建设的重要性仅次于人行道。解决了人行道和非机动车道的建设，即满足了城市大多数居民的交通出行需要。活动半径超过八公里的人和事，或者紧急情况下，才需要驱车，其占比已不太高了。所以，在鼓励无车日、骑行、走路上班等绿色出行的同时，政府还要切实规划好、建设好人行道和非机动车道。这是解决堵车问题的关键。

避免堵车，釜底抽薪的办法是减少人口、劳动力不必要的流动。现在是时候了。过去人口集聚，主要原因是过度依赖现场活动，比如，交易、办公、开会、以人力兽力为生产力代表的集体劳动等。现在，我们已进入以互联网为标志的信息时代，以人工智能为代表的自动化时代。人们是否必须到现场，越来越不重要了，一窝蜂式的上下班、集体活动没有必要了。因此，起早摸黑，把时间和生命浪费在堵车上，变得荒唐可笑了。移动手机，就是现场，就是办公室，就是车间，就是商店……人们越来越多地摆脱了必然王国的束缚，进入了自由王国！

度假

　　度假，通常指异地休息、游玩。现代人有劳有逸，法律上允许甚至鼓励、强制工作人员休息、休养、放松一段时间。可以说，度假是社会文明进步的一个表现。

　　度假不同于请假。因病请假，叫病假。因事请假，叫事假。因生孩子而请假，叫产假。无故不上班，叫旷工。异地度假、就地休假与请假不同，它是法定的、根据工作年限长短确定的，可以纯粹为了休息、游玩而暂时离开工作单位和工作岗位一段时间。

　　度假，既是一种待遇，也是一种能力。不是每一种职业和岗位都有这种带薪休假、度假的待遇。例如，自由职业者、农民就没有这种待遇。也不是每一个可以休假的人都有能力和兴趣异地度假。度假，要有一定的经济基础或人脉关系！

　　到什么地方度假，有讲究。首先看气候、气温。夏季宜北上，冬季宜南下。其次看接待条件和服务质量。干净卫生最起码，热情友好最根本。再次看价格。价格要公道，要物有所值。此外，饭菜可口、环境优美等，也很必要。不过，只要心情好，想得开，哪儿都是度假胜地。反之，五星级酒店也是地狱。

　　与什么人一起度假，很重要。与家人一起，享天伦之乐，其乐也融融；与朋友一起，开怀畅饮，纵论天下，其心也勃勃。一个人出去，与其叫度假，不如叫散心、静静、换个地方待待。

　　选择度假时间，事关成本开支和感觉感受。一般来说，要错峰。人多，虽然热闹，但个人感觉好不了，且价格昂贵。人太少，服务员、厨师等工作人员少，服务质量也难以保障。一般来讲，节日前后几天较好。

大脑经常要思考。体力劳动者，休假、度假宜以休息为主；而脑力劳动者，宜爬山、运动出汗，转移注意力。运动，可以说是让大脑休息的最佳方式。

度假时间不能太长。一年以上，不是旅游，而是长住。长住，旅客变成了居民，度假变成了居住。度假，通常有时间限制，偏短。

爬山

逢山开路，是山皆可爬。农民等安土重迁的人爬山，多以其村落周边的山为主；富商大贾、朝廷官员、地理学家、现代游客等周游世界的人爬山，多以名山为务。名山者，或因其高大（如五岳，阿尔卑斯山等），或因其特别（如雪山、火山、天然溶洞等），或因其传说（《陋室铭》"山不在高，有仙则名"，如葛洪炼丹的广东罗浮山等），或因其人文（如寺庙、道观、书院等），或因其景色（如黄山、张家界、九寨沟等），不一而足。

山路的设计建造非常重要。一路缓坡，没有爬山的感觉，不行；一路陡坡，像爬梯子，难以为继，也不行。山路的设计建造，要因地制宜，注意变化。有平有坡，有曲有直，有紧张有放松，有疲惫有休闲，有远景有近迹，有自然奇观有人文胜境……总之，有变化，有惊喜。人在景中游，景在心中留。

周末爬山，劳逸结合。呼朋唤友，远眺近察，欢歌笑语，不亦悦乎？

爬山，既健身，又怡情。汗流浃背，百病不侵；鸟语花香，怡情养性。

爬山能爬出科学思想。例如，马克思说："在科学的道路上，没有平坦的大路，只有不畏劳苦沿着陡峭山路攀登的人，才有希望达到光辉的顶点。"

爬山能爬出高度和视野、眼界和境界。孟子曰："孔子登东山而小鲁，登泰山而小天下。"杜甫诗云："会当凌绝顶，一览众山小。"视点高了，视野宽；站位高了，目光远。不是这样吗？

爬山能爬出人生哲学。比如，船到中流浪更急，人到半山路更陡。越是艰险越向前。遇到困难，不气馁，不退缩。

中国历史上，爬山爬出名堂的，莫过于徐霞客。年轻时立志说，"大丈夫当朝碧海而暮苍梧"；老了，自我总结道："吾以老布衣，孤筇双屦，穷河沙，上昆仑，历西域，题名绝国，与三人（张骞，玄奘、耶律楚材）而为四，死不恨矣。"著《徐霞客游记》260 万字，存世 60 万字。1958 年 1 月 28 日，毛主席在"最高国务会议上的讲话"中说："明朝那个江苏人，写《徐霞客游记》的，那个人没有官气，他跑了那么多路，找出了金沙江是长江的发源。'岷山导江'，这是经书上讲的，他说是错误，他说是金沙江导江。""我看他不到处跑，怎么能写得那么好？这不仅是科学作品，也是文学作品。"1959 年 4 月 5 日，毛泽东在上海召开的中共八届七中全会上的讲话中又说："如有可能，我就游历黄河、长江，从黄河口子沿河而上。搞一班人，地质学家、生物学家、文学家，只准骑马，不准坐车，骑马对身体实在好，一直往昆仑山，然后到猪八戒的那个通天河，翻过长江上游，然后沿江而下，从金沙江到崇明岛。我有这个志向，……我很想学徐霞客。徐霞客是明末崇祯时江苏江阴人，他就是走路，一辈子就是这么走遍了，主要力量用在长江。《徐霞客游记》可以看。"毛主席这两段话主要提到徐霞客的水文考察。其实，徐跑遍了大半个中国，也爬了许多山，记了许多山，是名副其实的爬山牛人，"两足俱废，心力交瘁"而不悔！

　　现代人衣食不愁，交通又方便，有空多爬山，身心健康，何乐不为？孔子说："仁者乐山。"

泡水

　　泡澡、泡脚，是愉快的事。能迅速消除疲劳和紧张，活血，提高睡眠质量，尤其当泡的水是充满硫磺等矿物质的温泉时，还有益于皮肤健康和保养。

　　泡水，有季度区别。越寒冷的冬天，泡的感觉和效果就越好。下雪天泡水，更是诗意盎然。相反，夏天热，泡水的感觉和效果就不那么好了。

　　泡水，有南北差别。南方潮，湿气重，有时有的地方湿度高达90%，可干蒸出汗，不宜多泡加重身体湿气；北方干，泡水效果好一些。

　　泡完后，继以搓、按摩，效果更好，更舒服。不搓澡，不知自身脏；不按摩，不知心理体重可大大减轻。泡、搓、按以后，神清气爽，有焕然一新的感觉。

　　凡事有度。泡水虽好，不可过度。过度了，一是体内湿气加重；二是皮肤容易受损，适当的油脂分泌或许有利于皮肤保护；三是费钱费时，容易忽略主动的运动强身健体活动。

　　国内外有许多温泉度假胜地，通常位于高山下或死、活火山周边。温泉是地热的结果，矿物质的作用。所谓玫瑰香泉、酒泉、鱼泉、人参泉等，皆人为的噱头，没有实际意义。

　　奢侈与必要的划分标准是相对的，不是绝对的。与简陋的淋浴条件都不具备的人相比，泡水无疑是奢侈。与泡脚相比，泡澡也显得奢侈。但与古罗马人到处建大型豪华公共浴池泡澡相比，现代人泡个澡实在不算什么。

　　泡水不只是一种生活方式，也是一种交往方式。古今中外，澡堂子政治、文艺、调侃、谣言、记忆等，纷繁复杂，妙趣横生。人们赤裸相见，

微霜集

／

12

赤诚相待，更加自然，更加平等。

温泉池也是身材展示的窗口。身材苗条、皮肤细嫩的，给人美感；大腹便便、气喘吁吁的，十分有趣；弯腰驼背、鸡皮疙瘩的，让人怜悯。

真的温泉池一般数量少、面积小。泡温泉时，没人，冷清；人太多，特别是假期，像下饺子似的，也烦。人真是一个奇怪的动物。况且，人太多，水较脏，令人不快。

白居易在《长恨歌》中提到杨贵妃泡温泉一事："春寒赐浴华清池，温泉水滑洗凝脂。侍儿扶起娇无力，始是新承恩泽时。"泡温泉的最佳时间（春寒）、水质（滑）、泡后的明显感觉（无力），都写出来了。此外，李白咏温泉可谓形神兼具："地底烁朱火，沙旁歊素烟。沸珠跃明月，皎镜函空天。"道学先生朱熹把人们喜欢泡温泉这事写得活灵活现，同时没有忘记教育大家改邪归正："谁燃丹黄焰？爨此玉池水。客来争解带，万劫付一洗。"

徐霞客以游为业，用心体察，落笔文字，价值连城。如，他对黄山温泉的描述："池前临溪，后倚壁，三面石甃，上环石如桥。汤深三尺，时凝寒未解，而汤气郁然，水泡池底汩汩起，气本香冽……浴者太杂沓也。浴毕，返寺。"今日游客甚众，而用心者鲜矣，思之惭愧！

中秋

每一个民族、国家都有自己的节日，每一个节日都有自己的故事。中秋节是中国传统节日，每年农历八月十五日这一天，晚上的月亮特别圆、特别亮，寓意人间幸福、美满、团圆。

八月十五日，月圆人不圆，再寻常不过了。于是怀远、思乡的诗词歌赋格外多。"今夜月明人尽望，不知秋思落谁家？"（王建：《十五夜望月寄杜郎中》）

中秋佳节，亲友聚在一起赏月聊天。渴了，自然有茶喝。喝茶，得准备些茶点。月饼，像月亮一样圆的饼，大概算最有名的茶点了。如今，月饼越做越奢华，品种之多，价格之贵，前所未有。但吃月饼的象征意义没有丝毫改变！

不同节日在不同地方的隆重氛围不一样。中秋节在闽南一带，特别是厦门，热闹非凡。名曰"搏饼"的活动要持续数日，男女老少乐此不疲，皆大欢喜。

中秋时节，天高云淡、风清月朗，最是一年好时节。同时，草渐衰、叶渐黄，又令人伤感。倘若东漂西泊，事业不成，更是忧从中来，不可断绝！

在古代诗词大家中，想得最深、看得最透、活得最洒脱实在的，要算苏东坡。1076年中秋节，他填了一首词，叫《水调歌头·明月几时有》。词前他作了说明："丙辰中秋，欢饮达旦，大醉，作此篇，兼怀子由。"可见，这首词是填给老弟的。

词作如下：

明月几时有？把酒问青天。不知天上宫阙，今夕是何年。我欲乘风归去，又恐琼楼玉宇，高处不胜寒。起舞弄清影，何似在人间。

转朱阁，低绮户，照无眠。不应有恨，何事长向别时圆？人有悲欢离合，月有阴晴圆缺，此事古难全。但愿人长久，千里共婵娟。

看！"高处不胜寒"——想得够深了吧？"人有悲欢离合，月有阴晴圆缺，此事古难全"——看得够透了吧？"但愿人长久，千里共婵娟"——活得够洒脱够自在了吧？

手机

从固定电话到移动电话，从大哥大到智能手机，通信终端的进步令人吃惊和兴奋！

今日世界，人们可以不配秘书，不配司机，不养宠物，甚至不娶老婆，但不能没有手机。智能手机已成为现代人最明显的标识。人们对手机的依赖程度超过任何一件物品，到处是"低头族""刷屏党"。

智能手机让史上许多梦想甚至幻想一一变为现实。例如，秀才不出门，能知天下事——新闻网站；千里眼，顺风耳——视频电话；一呼百应——微信群、朋友圈；神出鬼没——信息窃取，等等。可以说，智能手机改变了历史，也改变了生活方式，开创了新的时代。

智能手机的伟大之处，在于实现了多机合一：计算机、电话机、电视机、传真机、打字机、发报机、照相机、收音机、录音机、录像机、翻译机、游戏机、POS 机……它像一个宝物，无所不能，无所不知。与此同时，它的诞生，意味着这些被合并进去的机器产业和产品的消亡，至少其必要性、重要性较前大大减弱。考虑到多机合一这一特点，手机的价格再贵也不贵了。

智能手机有定位和窃听功能，因此，机主的行踪、交往信息、言论，很容易被跟踪、监控。人们的安全感下降了，隐私也可能受到侵犯。但是，另外，只要行事光明正大，又有什么可怕的呢？当然，保密意识还是要有的，保密纪律也要遵守。

手机有搜索功能。那些搜索引擎公司，将图书馆、百科全书、专家，全都搬上了云端，搬进了数据库，搬到了网上。手机成了真正的老师、博士、菩萨……有问必答，有求必应。学术研究更轻松、更方便了，同时，剽窃也更容易了。

智能手机对舆情炒作和舆论影响的作用越来越大。任何一个地方，发生任何一件事，全世界瞬间知道。人人都可以做现场报道，而且图文并茂，实时上传，没有时空限制，都在一张网上。相比之下，纸质的报刊、杂志近似无人问津的状态了。电视观众、广播听众也越来越少。网络信息监管机构比任何传统新闻管理机构都更加重要。

智能手机对金融业的影响是巨大的。由于智能手机的产生和应用，数字货币或者货币数字化或者货币本质呈现，才有可能。纸币和硬币使用的机会越来越少；手机终端可以轻松开户、支付、投资、买卖、咨询等，银行的物理网点因此越来越失去原有的功能和作用，变得空旷而又冷清。多数银行柜台零售业务替代率高达 90% 以上。毫不夸张地说，现代零售银行就是手机银行，现代银行客户都是网上客户。

拖地

幸福是干出来的。窗明几净，地板如洗，空气新鲜……没有人不觉得舒适和骄傲！然而，干净不是自然而然从天而降的，人们需要定期清洁。

在某些人眼里，居家拖地乃小事一桩、烦事一件、低级活一个。不值得做，不愿意做，不屑于做。实际上，拖地体现的是家庭责任感、自食其力的人生态度、劳动没有贵贱的进步观念。

拖地，既是劳动，又是运动。运动能给人带来快乐，拖地也能给人带来快乐。一场地拖下来，汗流浃背，与运动异曲同工、殊途同归。而且，免费，家人还点赞！

工欲善其事，必先利其器。拖地的效果要好，感觉要佳，工具和方法很重要。墩布要选沾尘脱尘都容易的，桶要选可以旋转甩干的，水脏了要及时换或者拖一遍换一遍，水中可少量放入沐浴露，墩布湿度后一遍要比前一遍低，拖地前后都要扫，地上毛发要清除干净，扫地之前先擦桌椅、换床单，等等，此皆经验之谈。

凡事有宏观、微观之分，有大局、局部之别。有大写意，有工笔画。在拖地过程中，你会发现：有些地方比如边边角角无论如何都拖不了。你必须放弃拖把，拿起墩布，像狗一样趴在地上，细工慢活，擦拭一番才行。

神秀说："身是菩提树，心如明镜台，时时勤拂拭，勿使惹尘埃。"惠能不同意神秀的谒，说："菩提本无树，明镜亦非台，本来无一物，何处惹尘埃？"从佛理上讲，后者悟性更高，唯心之极，即无物无我，四大皆空，万物归一，毫无分别之心，不信主客之说。但从世俗观点看，神秀的说法更现实，更符合实际。不唯修身养性如此，居家过日子亦如是。可吸入颗粒物、悬浮颗粒物那么多，焉能视而不见，怠于拂拭？诱惑、歪心思、邪说那么多，怎能不时时、处处检视自己、警醒自己？毛泽东说得十分正确："房子是应该经常打扫的，不打扫就会积满了灰尘；脸是应该经常洗的，不洗也就会灰尘满面。我们同志的思想，我们党的工作，也会沾染灰尘的，也应该打扫和洗涤。"

什么事只要带着感情干，没有干不好的、干不愉快的。打扫儿孙的房子，那是慈爱；打扫父母的房子，那是孝敬；打扫自己的房子，那是自珍；打扫客厅，那是亲情友情。带着感情干，心甘情愿，没有逼迫性，乐在其中。

菜市

　　有商品生产，就有商品交易。菜市，是农产品交易的场所。农村人叫赶集，城里人叫买菜。人生无非吃穿住行、喜怒哀乐。买菜是绝大多数城里人必修的功课。

　　菜市建设和管理水平，既反映当地政府特别是基层政府的责任和担当，也反映菜贩自律意识和能力。以管窥豹，以所见知所不见。一间简陋而又肮脏的菜市场，足以说明基层政府的无能或不作为，说明菜贩的低素质。相反，基层政府和菜贩都是值得尊重的。

　　进菜市，不仅能了解农产品质量、价格和供求状况，而且能感受众生百态。如，近乎喧闹的叫卖声，虚张声势的推销法，脸色发青的瘦削菜贩，面色红润的胖肉摊主，地面永远湿漉漉、空气永远充满鱼腥味的海鲜摊位，臭烘烘的鸡鸭畜禽区，令人恐怖的乌龟王八蛇区域，还有摆着各种诱人食物的小吃摊位，貌似精明而实际永远吃亏的小市民，看上去高贵无比而事实上被摊主一眼看轻的讨价还价者……菜市场真是一个充满生机的世界，充斥着别样的人生。卖什么像什么，一圈走下来，很有意思。如果有机会去国外菜市场溜溜更好：在比较中借鉴，在学习中进步。人间烟火气，最抚凡人心。塞哥维亚菜场吊挂的小乳猪，慕尼黑菜场腌渍的橄榄，巴黎菜场像艺术品般的各种摆放，哈巴罗夫斯克画眉抹口红高高在上的卖菜婆，印度孟加拉拥挤不堪的市场，阿尔巴尼亚的路边菜摊……历历在目，妙趣横生。

　　把现金从菜市驱逐，代之以手机二维码支付，是中国零售支付市场的革命性事件，具有里程碑意义。它宣告非现金支付时代全面到来，数字货币时代全面到来。从此，第三方专业支付机构、商业银行、中央银行的数据库，正式替代传统现金发行库、印钞厂，成为中国金融安全新的重地。菜市场因为现金支付可能带来的食品卫生问题、病毒传染风险，也彻底解决了。支付不仅改变了金融，也改变了社会和生活，善莫大焉！

物美价廉，从来就是鬼话，不符合价值规律。一分钱一分货，才是现实，才是真理。一些老太太信奉物美价廉，舍不得花钱还想买好的东西，结果总是吃亏上当：买一大堆过期的、外表光鲜而实质腐烂甚至有毒的食品回家。许多家庭矛盾、代沟就是这么产生并体现出来的。

无商不奸、唯利是图，这是商人给中国普通老百姓留下的基本印象。其实，追求合理的商业利润，无可非议，也算不上奸。奸，主要表现在两方面，即数量上短斤少两，质量上以次充好、假冒伪劣。诚信是商品经济的灵魂和生命。奸商是没有前途的，是自毁形象。吃一堑、长一智，消费者不会上第二次同样的当，吃第二次同样的亏。

菜系

中国幅员辽阔，过去交通又不方便，人们安土重迁，一方水土养一方人，一方人靠一方水土，形成不同风格的生活习俗，包括不同的菜系。

山里人的菜，偏咸；海边人的菜，偏淡。无他，水土异也：海风海水咸，山风山溪淡。而人体盐需求量有定数。故内陆省份的菜，如湖南、四川等，偏咸；而广东、福建等沿海地区，偏淡。咸淡不同，而人体舒适之理一也。

与北方人不同，南方人喜辣。南方阴冷、潮湿，辣食可以发汗、祛湿而不长痘、不上火。北方干冷、干燥，吃辣椒容易上火，口舌胃肠均感不适。故食者，身体自然反应，习以为俗也。

广东人煲汤，吃海鲜，喝啤酒……嘌呤内积，容易痛风。过去天热，没有风扇和空调，通过排汗，排出嘌呤，所以，很少造成痛风。现在，广东人夏天基本上生活在空调、风扇下，喜煲汤而又不运动出汗，容易出现健康问题。与时俱进，知其然更需知其所以然，十分必要。

粤菜讲究原汁原味，追求鲜活。但上来一壶茶，接着一盅汤，中间几杯酒，几只虾蟹，最后一碗粥，自始至终，汤汤水水，空空荡荡，回家一泡尿，看似饱食一顿，实则易饿，需要夜宵补充。

湘菜以纯辣为特色，无辣不成宴，连汤、蔬菜都要放辣椒。所以，湖南人吃饭，像打仗，搞运动，汗流浃背，轰轰烈烈；又像公鸡进食，饿虎扑食，五脏六腑翻天覆地，十分热闹。辣椒的强烈刺激，是否与湖南人斗志昂扬、脾气暴躁有关，不得而知。

川菜麻辣。辣是微辣，麻是真麻，所以，麻在辣之前。水煮鱼等川菜，辣椒和浮油之多近似浪费。吃川菜，嘴唇麻，那是神仙的感觉。

鲁菜，戏称黑乎乎、油糊糊、黏糊糊。油重酱油多，放芡粉。应该承认，山东土地肥沃，温差大，农产品、海鲜等食材都是一流的。加上圣人说，食不厌精，脍不厌细。鲁菜，属上乘菜肴，特别是葱爆海参等，深受大家喜爱。

淮扬菜是江浙沪地区代表菜系。刀功讲究，烹饪细致，色美，味鲜，清淡，尤其适应中老年人。狮子头、煮干丝、白斩鸡、阳澄湖螃蟹等，皆美食，名不虚传，闾巷草野津津乐道。

东北菜，长于大锅炖煮。咸淡适中，大气大方，红红火火。猪肉炖粉条、小鸡炖蘑菇等，妇孺皆知，有口皆碑。

徽菜介乎江浙菜和两湖菜中间。比前者咸，比后者淡。不拒绝辣椒，也不迷恋辣椒。徽商走天下，徽菜在融合中成就了自己。

中国菜系虽多，但有共同特点，统称中餐：食材广泛，以炒为主，花样众多，重在口感，因人而异，不确定性明显。与中餐相比，西餐食材单一，程序清晰，质量稳定，用料实在，重在营养。头菜开胃，主食肉排，甜品咖啡压阵。应该说，中西餐各具特色，各有千秋。不能说谁优谁劣。

名酒

茅台今日闻名遐迩、享誉中外。稍有档次的场合，非茅台不喝。然而，"吾少也贱"，它的出身并不显贵，私家烧坊而已；名亦源自土著人之茅草祭台。1949年，产量不过3吨。1951年始在三家私坊基础上组建茅台酒厂。1977年，产量才763吨。且多年亏损，哪有今日之红火。1978年始扭亏为盈，产量过千吨。如今，年产5万吨，市值超过2万亿元。可以说，没有改革开放，就没有茅台之辉煌。

茅台酒属地理标志产品。它的原料是当地红高粱，水是当地赤水，酒曲制作、酿造工艺等，极富地方特色。纬度、温度、湿度、封土、发酵池等，都是地方的、传统的。茅台酒厂的人甚至不肯去河对岸酿！

1斤酒，大约需要5斤粮食（2.4斤麦子、2.6斤高粱）。所以，从粮食价值和价格角度论，酒的成本比较低。茅台标价，近乎天价，一瓶酒比许多城市职工养老月标准还高！然而，考虑它的时间价值、品牌价值、传统工艺以及市场供需矛盾，真的物有所值。当然，假冒行为因此也多了。

葡萄酒是单式发酵，茅台等中国白酒是复式发酵。白酒酿造工艺相对复杂。其酒曲像药引，又像魔术师的道具，很重要。至于勾兑，更神。勾兑师，是酒厂的化学工程师，表演白酒的魔术师！他们的经验和味觉绝对一流！

茅台酒从蒸锅流出，带有温度，口感佳，容易一口闷。冷却后，醇厚依旧，别具一番风味。唯酒精浓度较高，足以杀菌消毒。装入陶罐，一放5年，酒精慢慢挥发些，或许更适合饮用。

酒是神水。李白爱酒："百年三万六千日，一日须倾三百杯。"杜甫呢？借钱也要喝个够："酒债寻常行处有，人生七十古来稀。"其他人也好那么一口。茅台，中国第一白酒，上等佳酿。迷之者众，何足怪哉？

茅台，是酒，又不是酒。是酒，毫无疑问，一目了然。不是酒，需要一番解释：任何消费品一旦成为奢侈品，即只有极少数人才能享受时，它就成了名誉、地位、金钱、权力、面子、社会关系等象征。茅台，在中国，因为价高珍贵，早已变成了奢侈品，象征意义超过酒本身的意义。

茅台的出厂价与零售价，或者说，批零差价相当大。因此，争取品牌代理，争取指标，成了寻租空间和腐败易发地。

茅台价格不断上涨，除了当期消费，还能储存保值，甚至融资抵押，有了金融和投资属性。这是茅台人始料未及的。也因此，茅台市场一方面供不应求，另一方面需求市场被人为夸大了。茅台成了欲望的工具！

茅台酒厂十分简朴，车间亦显陈旧，厂区规划因地制宜，呈长条形。茅台镇的空气弥漫着一股浓烈的酒糟味。镇上的人，特别是酒厂工人个个红光满面，像神仙似的。

产业链是随着认识水平提高和科学技术进步而逐渐延伸的。茅台酒业也不例外。1斤酒有约5斤糟需要处理。按照物质不灭原理，这些酒糟可以充分利用！做饲料？做肥料？总之，不应该是废料。

聚会

人以群分，物以类聚。"难得人间相聚喜"，而志趣和爱好相同的人聚在一起，又最愉快。话不投机半句多，酒逢知己千杯少，说的是聚会存在的两种极端情景。

公开的情感性聚会，最高尚；有目的的功利性聚会，最庸俗。

因为工作聚在一起叫开会，因为寄托哀思聚在一起叫追悼，因为战争聚在一起叫打仗，因为比赛聚在一起叫运动，因为纪念聚在一起叫活动……总之，聚会应该是宽松的、自愿的、愉悦的，与上述场景完全不同。

单位聚会，在形式；社会聚会，在仪式；家庭聚会，悲欣交集；朋友聚会，难免商议；同学聚会，调侃嬉戏。

相见时难别亦难。有情人盼望相聚，珍惜在一起的美好时光；无情者对聚散似乎没有感觉。

聚会的质量，不等于聚会的数量。有些人天天相聚，却没有留下美好的记忆；有些人聚一次，怀念一辈子。"金风玉露一相逢，便胜却人间无数。"

聚一次，不想再聚，聚会是失败的；聚一次，还想聚，聚会是成功的、愉悦的。再聚时，原班人马到齐，大家无憾。再聚时，"遍插茱萸少一人"，必然遗憾甚至悲伤。

每逢佳节倍思亲！这句诗，既点明了人们聚会常用的时间点即节日，又点明了人们聚会的最大原因即思念。中国春节，西方圣诞节，是聚会最有名的两个时间点。

酒能助兴，亦能乱性。聚会时喝几盅是正常的。但不节制，不欢而散，不好。

聚会时要注意分寸。礼貌而不拘谨，活泼而不放肆。说话，但不总说，让每个人都有说的机会。倾听，但不沉默，贵在交流。讲自己，特别是成绩，要适可而止；说别人，严谨审慎，留些口德。可以讨论，但不要争论。可以说真话，但不要伤人。穿着打扮、吃相、坐姿等也要注意，不要自贱让人看不起。

　　聚会要花钱，而钱是一个敏感且重要的问题。有人主动请客，当然没问题。年轻人 AA 制，也没问题。传统的相互请，有问题：次数和档次、规模和价格等都可能彼此计较，引起不快直至少聚、不聚。俗话说，财上分明大丈夫。又说，亲兄弟，明算账。丑话说在前面。聚会前，要把费用说清楚。

修身养性

小节

不拘小节，通常指大大咧咧。大的方面没啥毛病，小的方面不太注意。属美中不足，白璧微瑕吧！

英文"拘泥小节"的表达方式是 split hairs。比较形象，也比较有趣。与汉语里"鸡蛋里挑骨头——没事找事"异曲而同工，都带有一丝贬义。事实上，小节要不要拘泥，看对象和场合。该拘泥的时候还得拘泥！

拘泥小节，从小节里出不来，浪费时间和精力，或捡了芝麻丢了西瓜，或锱铢必较忘了目标和方向，当然不好。与之相反，不看对象，不管场合，比如，说话太直，边幅不修，举止过于随便，得罪人或让人误解，也不好。做大事，拘小节；宏观、微观两个层面都照顾到，比较完美。像明朝大咖李贽自题联中写的那样："诸葛一生唯谨慎，吕端大事不糊涂。"尽管李老先生自己最后也因著作、演讲"离经叛道""惑世诬民"而蒙冤下狱自刎了。

细节决定成败。这在自然科学研究实验、工程建设等领域十分明显。在社会领域、人际交往中虽然没有那么明显，但是，一旦细节、小节暗示大是大非，上升为原则问题，同样决定成败。例如，开会迟到这事，可大可小。因为偶尔的、客观的原因迟到，主持人可以谅解。如果因为对主持人有看法、有意见而故意为之，以示自己不服，心中有怨恨，看不起对方，明摆着大不敬，有反骨，迟到的性质就变了，小节成了大问题。而矛盾一旦公开，斗争持续并白热化，必然有成败之分。

不拘小节是可以的，但"小节"必须限定在一定的范围内。第一，是无意的，不具令人厌恶和反感的象征意义。第二，是无害的，仅仅是自己的行事风格和方式而已，对任何人特别是当事人不构成大的危害。第三，是一贯的，无差别的，没有人品问题。第四，是善意的，不是恶意的。行为欠妥，但动机纯粹。

人的内心世界极为复杂，很难琢磨。但是，不管城府多深，为人多么老成持重或狡黠阴暗，内心世界都会通过某些细节、小节暴露。古人说，以管窥豹，见微知著，以所见知所不见。运用逻辑推理，表里一致等基本原理是可以看透人心的。所以，小节不小节，拘泥不拘泥，关键看心性与人品。仁者爱人，则大事小事，人必称之！与人为善，则不妥之处，人必谅之！

世俗

离开权力和武力，理性的声音不会比蚊虫的声音更大、更有力。这就是世俗。

金满箱，银满箱，转眼乞丐人皆谤。有钱男子汉，无钱汉子难。这就是世俗。

如果没有利用价值，即使你温柔如绵羊，善良如黄牛，人们也不会理睬你。这就是世俗。

没有成家，兄弟姐妹是一家；成了家，各顾各家。这就是世俗。

人走茶凉；贫居闹市无人问，富在深山有远亲；君生日日说恩爱，君死又随人去了；古来痴心父母多，孝顺儿女不见了……这就是世俗。

当面夸你，背后损你；张家长，李家短；说一套，做一套；成则为王，败则为寇……这就是世俗。

世俗、世俗，了解了就不俗，习惯了就不俗。习以成俗必有其合理性。不合理的东西不可能长期、普遍存在。

承认世俗的东西，可以少生很多气；尊重世俗的东西，可以多交很多人。

俗话是最世俗的语言，最质朴的哲理，最老练的生活艺术。比如，男大当婚，女大当嫁。又比如，三岁看小，七岁看大。等等。

都是俗人，都有俗气。自视清高者必吃暗亏，除非对方超凡脱俗。

俗不可耐，庸俗不堪，是贬义词。人不是不能俗，是要俗得有分寸，不过度，不招人讨厌。比如，生理现象是人皆有，但毫无顾忌即招人厌恶。

在世俗面前，个人的力量是微弱的。世俗代表大部分人的心理和意愿，无论对错。所以特立独行比较困难，需要勇气。

入乡随俗是老祖宗留下的智慧之一。入异乡随异俗，既是对他人风俗的尊重，也是自己主动融入从而与人融洽相处的方式。

移风易俗是老祖宗为改变不良风气和习惯作出的抉择。比如，厚葬丁忧，重男轻女，奢侈浪费等，都是不好的习俗，应该改变。

伤风败俗是老祖宗对不良风气和行为作出的谴责。但风俗本身是非对错因时、因地、因道德伦理标准而异，一时一地所谓伤害和败坏未必是真伤害、真败坏。

三观不同，对世俗的态度也不同。有人阿世取容、阿世媚俗，说好听一点叫浑俗和光；有人傲世轻物、轻世肆志，温和一点叫超逸绝尘、不同流俗、避世离俗；也有人选择走中间道路——贞不绝俗。有人愤世嫉俗、扬清厉俗；有人随波逐流、与世俯仰甚至降志辱身毁方投圆。有人心甘情愿做凡桃俗李，有人却要遗世拔俗惊世骇俗。有人采风问俗、从俗浮沉，有人则整天抱怨世风日下、人心不古，仿佛他见证过古代并从古代穿越过来。

迷信

迷信，即一些反科学的想法和做法。信鬼、信神、信玄学，当然是迷信。但迷信不限于此。迷信还包括代际传递的、像基因一样难以超越和克服的一些意识；包括看似正常、正确而实则像传染病一样难以预防和治愈的一些想法。

能永远活下去，这是迷信。活着的人，不相信自己会死。自己能活多久，从不去估算、谋划。长生不老，万寿无疆，福如东海，寿比南山，这些祝福的话，代表人的潜意识、真想法。事实上，人生不满百，生也有涯，死是必然的。常怀千岁忧，欲望不止，拼命赚钱，是可笑的。为了钱去犯罪，更是愚蠢的。很少中老年人认真算过，自己的收入和积蓄，除以余生的日子，大致每天可以花费多少，从而告诉自己，不必贪婪和小气了。

子孙永远需要照顾，这是迷信。许多长辈，总把子孙当孩子，过于担心，过于操心，总想为他们包打天下，甚至违法乱纪，贪污受贿，买车买房。结果，追悔莫及，让家族和子孙蒙羞。

老婆是别人的好，这是迷信；妻不如妾，妾不如偷，偷不如偷不着，这更是迷信。男人们有许多迷信，这些迷信，最为根深蒂固。吃着碗里，望着锅里，总以为别的女人不一样。好奇心爆棚，征服欲吓人，幻想夜夜做新郎。尽管一夫一妻制通过《婚姻法》明确规定下来，但婚外恋、婚外情、偷鸡摸狗、寻花问柳的事屡见不鲜。不少人因此走向错误的道路，自找麻烦，很不值得。

相信自己最聪明，这是迷信。由于自我感觉良好，自以为是，觉得自己最聪明，所以，容易瞧不起人，不愿意肯定别人，不愿意说别人半句好话。文人相轻，同业相斥，就是例子。

总是别人不对，总是别人对不起自己，这是迷信。自知是相当困难的，自我否定尤其难。所以，自我批评成了一种涵养和美德，而诿过、推过甚至栽赃别人，则司空见惯。

怀才不遇，这是迷信。历史上，有许多人感叹自己怀才不遇；现实中，有许多人感觉自己怀才不遇。实际上，这也是迷信。如果不能处理好人际关系，不能让自己适应环境、改造环境，"才"在哪里呢？至少可以说，"才"是不全的。顶多是专才，不是全才。智商有余，情商不足。等靠要，主动性不够，点子少。

活明白，不容易。因为貌似正确而实则错误的东西实在太多。活明白，需要看明白、想明白；需要正确的"三观"，严格的自律。实践证明，做一个明白的人，难！做一个执迷不悟的人，容易。

三天

昨天、今天、明天，这三天，既是一个时间概念，更是一个哲学概念，像佛教说的前世（过去佛）、今生（现在佛）、来世（未来佛）一样。

沉湎于过去，陶醉于既往的人，看重的是曾经。明日复明日，不愿意脚踏实地地干，却对未来充满幻想的人，寄望的是未来。这两种人，都没有生活在现代，生活在今天。不知道真正重要的永远是今天。不知道只有今天做好了，才有值得骄傲的昨天和可以期待的明天。

昨天是逝去的今天，明天是必将到来的今天。昨天、今天、明天就像一条大河流淌着。今天连接着昨天和明天，它们共同构成完整的人生。没有昨天的今天，是无源之水，无本之木，是不可思议的。没有明天的今天，就是生命的最后一天，意味着死亡和终结。昨天是今天的累积，今天是昨天的余额。

因果是存在的。昨天是今天之因，今天是昨天之果。今天是明天之因，明天是今天之果。因果是一个时间概念，即前因后果；更是逻辑概念，即有因必有果，有果必有因；一因多果，一果多因；一因一果，多果多因；因果循环等。

昨天是用来总结和借鉴的。总结成绩，是为了增强信心；汲取教训，是为了避免重蹈覆辙。回顾历史，寻找规律，让今天活得更明白、更清醒、更自觉。

明天是用来梦想和展望的。人总是要有点理想的。没有理想的人生，没有方向和目标。没有理想的人生，是可怕的人生、抑郁的人生、绝望的人生。理想有大小、远近、高低之分，也不一定能实现，但它是人生的希望和动力，是人生幸福的源泉之一。

今天是用来苦干、实干的。活在当下，奋斗在当下，幸福在当下。当下是人生的基石。当下是最真实的人生。当下是人生的窗口和缩影。当下是人生的拐点，从此变好或从此变坏。当下是人生新起点，从平凡走向辉煌，努力什么时候都不晚，立志什么时候都来得及。珍惜当下，把握当下，用好当下。浪费当下，一切都是废话。

作为一个诗人，李白是成功的；作为一个文人，李白是自由的；但作为一个有志于仕途的人，李白是失败的。他的昨天，无可奈何花落去；他的今天，烦恼无边；他的明天，意志消沉，理想丧失，自由散漫。看："弃我去者，昨日之日不可留；乱我心者，今日之日多烦忧……抽刀断水水更流，举杯消愁愁更愁。人生在世不称意，明朝散发弄扁舟。"

男人

　　人非单性繁殖动物。故男女配合、携手并进，是自然的、必然的、必须的。男人是女人孕的，女人是男人种的。繁衍生息，代际传递，始有过去、现在和未来。

　　男人，就其生殖能力和繁殖愿望，无异于一只公鸡。在允许一对多的情况下，其他公鸡难逃被"阉割"的命运。然而，这也容易产生近亲繁殖现象。因此，限制三妻四妾或者说实行一夫一妻制，不只是社会需要、情感需要，也是不同于动物的优生优育需要。

　　男儿有泪不轻弹，男子汉不哭，指的是男人要坚强，愈挫愈勇，屡败屡战。怜子如何不丈夫，指的是男人也有感情，有伤心落泪的时候，有情感发泄的需要。男人动不动就哭，当然不行，即使像刘备那样，能哭出江山也不行；也不能一概不许哭。哭不哭，要看场合，两者不矛盾。

　　权力与责任总是在一起的。历史上，大部分时间是男权社会，并且有制度依据和道德伦理支撑。与此同时，保家卫国、养家糊口的责任也落到男人的头上。男女平等是近代以后的事，女权主义更是当代时尚。一方面，女人的权利和地位大幅度提升；另一方面，女人的责任和压力也大大增加。生活在古籍里的男人必须回到现实，平等对待女性。男人们曾经拥有的教育、信息、职业、收入等优势和社会制度安排、民风民俗呵护等特权一去不复返了。某些方面，例如寿命，男人在比较中已处于劣势。

　　尽管在法律上，确立了男女平等原则。但在现实中，男女平等≠男女平均。盘踞在行政领导岗位的男性远远超过女性，目前，我们国家人大代表、政协委员男女比例约为 5：1。对大多数男人来说，这既是骄傲，又是不幸。按照"同性相斥"原理，男性的生存与发展压力比女性大得多，面临的职场环境更险恶。

男人最容易犯的错误，一是攀附，二是贪财，三是贪色。避免犯错的最好办法，一是甭站队，埋头苦干，靠自己，靠本事，不介入派系之争。非选边站队不可的话，则与真理和良知同在。二是知足，两不愁三保障，能生活就可以了。非追求财富不可的话，则取之有道、依法依规。三是克制，不要有征服心理和猎奇心理。实在克制不了，魂牵梦绕，则思前车之鉴。不过，大多数男人，年轻时做不到这一点。否则，美丽的姑娘也就没有那么迷人了。与其说男人能克制 libido，不如说生理机能 out of order。所以，男人直接或间接因女色而犯错误的情形最普遍，乃至于在中国古代，有"红颜祸水"的极端说法。

相对来说，男人就像所有的雄性动物，容易愤怒和暴力。现代社会生活条件好了，男女平等了，娇生惯养的女孩也多了，任性的女孩与任性的男孩有得一比，婚姻关系更不牢靠了，结婚率下降而离婚率上升。家暴时有发生，悲剧间有所闻。男人在面子问题上最敏感，自尊心强，不愿在这方面受伤害。举案齐眉，相敬如宾，不是什么套话空话，而是实实在在的夫妻相处之道。

自吹

自我吹嘘，夸大其词，言过其实，近乎本能。只要有机会，人人会自吹。用孟子的话说："人之患，在好为人师。"用俗话说：王婆卖瓜，自卖自夸。用某政客的话说：没有人比我更懂、更能。

自吹和自贬，二者都偏离事实。自吹容易招致反感和嘲讽，自贬则容易让人同情和放弃戒心。从这个角度说，自吹的人往往比自贬的人更真实。

既不自吹也不自贬可谓有自知之明、实事求是。这样的人叫圣人。而圣人从来没有。孔子吹嘘说：仁者无敌。生前为难他的人少吗？

自信靠实力和伟绩，不靠嘴功。没有实力和伟绩的嘴功纯属自吹。

自吹之极者必贪天之功。贪天之功，人必嗤之以鼻。

人们之所以自吹，是因为他们既不了解自己，也不了解别人。无知和自负是一对孪生兄弟。

自吹有时是虚张声势，是斗争策略之一，尤其在对手不明底细的情况下有吓唬作用。

自吹的人明显虚荣，爱面子，好表现，急于得到别人的认可和肯定，渴望他人的称颂和追随。如果说实话有损面子和自尊，则自吹可能变成一个选项。

人的认知和能力都有限。世界上没有无所不知无所不能的人。只有在一时被蒙蔽的人或者完全没有逻辑推理能力的蠢人面前可以放开自吹。

实干兴邦，空谈误国。空谈是自吹的一种表现。治国安邦重在行动和效果。宣传当然很重要、很必要，但必须真实、全面、客观，适可而止。

自吹的另一面是贬低他人。正像幸灾乐祸是一种心理变态和行为扭曲，贬低他人以实现自我肯定和自我膨胀也是一种心理变态和行为扭曲。

谦虚的人、明智的人不会自吹，因为他能看到自己的不足之处，所以他同时富有进取之心，还要不断进步；骄傲的人喜欢自吹，他觉得自己比西施还美，比杨贵妃还美，比孔圣人还圣人，极端自负，完全听不了杂音。

在科技、竞技、军事等领域，因为可比较、可检验，所以自吹不止于闹笑话，更是害人。

"独立苍茫醉不归。日暮天寒，归去来兮。探梅踏雪几何时。今我来思，杨柳依依。

白石冈头曲岸西。一片闲愁，芳草萋萋。多情山鸟不须啼。桃李不言，下自成蹊。"（《一剪梅·游蒋山呈叶丞相》）

在辛弃疾看来，有本事的人何须学多情山鸟自吹自捧？他们更像桃李，即使不言不语也有人欣赏和拜会。可惜千里马常有而伯乐不常有。

与秦始皇到处勒石颂功不同，武则天立碑只立无字碑——是非功过任人评说。无独有偶，英国女王伊丽莎白有句不成文的座右铭，即在公众场合"never complain, never explain"（永不抱怨，永不解释）。看来相对于男人，女人似乎更低调、谦和、淡泊、明智。

自我

　　人天生是独立的，也就是自我的、我行我素的。他必须对自己的生老病死、喜怒哀乐负主要责任。用哲学语言说，即内因是根据，外因是条件。在外部环境一定的情况下，主体、内因起决定性作用。

　　印度储备银行第 23 任行长拉古拉迈·拉詹将自己多年的演讲稿结集出版，书名就叫《我行我素》(*I Do What I Do*)。事实上，所有有思想有见解的人都比较自我。不过，自我≠自私，为了公众利益、国家利益而正道直行，应该提倡。只有为个人利益、个人目的而忽视他人感受的自我言行，才叫自私。

　　无数"自我"构成社会。在这里，自我表现为个体。而个体之间的关系，构成社会的本质。一个承认自我、承认个体的智慧和品德，让每个人充分发挥想象和才能，尊重所有做出贡献的个体的社会，才是文明的、先进的社会。

　　尊重自我并不容易。尊重自我意味着放弃干预、强迫；放弃以关心、爱、为你好等名义对他人意志的改变；意味着完全的平等和彻底的自由。

　　以自我为中心，不是什么对或错的观点，而是事实。在理性社会，没有人不是以自我为中心的。只有在奴隶社会、有人身依附的社会，才会以别人（奴隶主）为中心。合作、社会交往等只能建立在最大公约数上或者处于两圆、多圆相交形成的共同区域内。任何组织包括国家及其人格化确定的中心，一定处于这个共同区域内，代表着最大公约数，能画出最大圆，即包括所有小圆的最大同心圆。否则，这个组织或国家就要散架、塌陷。

　　过于自我，从性格上说，是不合群。过于自我的人，宁做鸡头，不做凤尾。如果他的主张得到大家的认可，实践证明又是正确的，那么他是最适合做一把手的。如果他的主张得不到大家的认可，实践证明又是错误的，那么他会陷入孤立和自我封闭状态，容易沦为顽固不化的人。

在数学里，1是最小公约数。在社会上，每一个人都是1。群体，就是1以后的数字。1能被任何实数除。因此，与任何人合作，都是可能的，换句话说，调动群众的积极性是可行的。但是，1毕竟是最小公约数，合作空间最小，即它限于人的最基本需要的领域。而一个组织好比一组数字放在一起，要扩大合作就必须寻找最大公约数，开辟最大的互助空间和平台，实现合作互助成效最大化。因此，过于自我，个体始终维持1的状态，即绝对独立状态，合作就会很困难甚至不可能，被除数原封不动，能合作但合作领域最窄，合作成效最小。一个明智的人，一个理性的社会，既要尊重自我，又要强调合作。尊重自我，是为了确保人的独立和尊严，照顾人的基本需要和心理；强调合作，意味着自我约束，满足人的更高层级的需要。关于这个问题，人类一直在思考实践，寻找群己的合理界限，并体现在法律条文和伦理道德中。

自知

俗话说，人不知自丑，马不知脸长。自知，是很困难的。所以，人贵有自知之明。换言之，明于自知是人的优点、优势、修养、德性，不是每个人都具有的。

一般的人，要么自信到自负，要么自谦到自卑，很难正确看待自己、准确评估自己。人生活在社会，恭维的话听多了，容易膨胀；而批评、指责的话听多了，容易自卑。看别人，一清二楚；看自己，反而糊涂。不识庐山真面目，只缘身在此山中。自我即自身，自知即自我认识，这比走出庐山、远眺庐山、鸟瞰庐山然后认识庐山难得多。自我寓于自身中，很难分离。如果分离了，也必须在总体上维护自身，肯定自身，而不是否定自身。否定自身，是危险的，意味着可能毁掉自身，亦即自杀。所以，自知之明，只能在基本肯定的前提下查找不足、承认不足。

没有自知之明的人，通常是些糊涂的人，自负的人，自美的人，自私的人，自以为是的人，任性的人，不顾别人感受的人。他们生活在自我合理化世界，不知道什么叫平衡，什么叫公道，什么叫将心比心。他们把自己当圣人，事实上不承认自己身上存有任何缺点和不对的地方。千夫所指，他们也认为是自己的优点、特点和亮点。众人恶之，他们也觉得问心无愧。

有自知之明的人，是对自己有全面、正确认识的人。既知道自己的优点，也知道自己的缺点；既知道自己的长处，也知道自己的短处；既知道自己成功的原因，也知道自己失误乃至失败的原因。聪明，或者有一技之长，不等于自知之明。李白是聪明人，但他不知道自己的自由与傲慢同官场的严谨和规矩格格不入；蒋介石是聪明人，但他不知道人民创造历史，得民心者得天下，失民心者失天下。

　　事物变化有原因、有规律。变化原因分内因和外因。内因是变化的根据，外因是变化的条件。所有怨天尤人的人，不从自身找主要原因的人，都是些自知之明不够的人。《垓下歌》"力拔山兮气盖世，时不利兮骓不逝，骓不逝兮可奈何！虞兮虞兮奈若何"表明，项羽缺乏自知之明，将自己的最终失败归因于时势不利，至死不认为自己是一个有勇无谋的人。历史上、现实中，像项羽这样的人不少。

角度

从不同角度看问题、想问题、处理问题，可以得出不同的结论，导致不同的行为和后果。

有人说，性格决定命运。我想进一步指出的是，角度决定性格。江山易改，本性难移。劝人改性格，不如劝人换角度。

从不同甚至相反的角度（如完全自我的角度）看问题、想问题、处理问题（相信屁股指挥脑袋）是日常误解、争吵和矛盾产生的重要原因。自我是最真实的我，或者说本位主义与生俱来，所以误解、争吵和矛盾随时随地可能发生，同时平衡、妥协、票决、强迫等方式方法紧随其后。

总是从批评的角度看待周边的人和事，求全责备，鸡蛋里挑骨头，或许是进取、严肃和高标准的体现，往往少不了痛苦和愤怒；总是从欣赏的角度看待周边的人和事，或许是知足、宽厚的表现，往往少不了融洽、快乐和幸福。

得道多助，失道寡助，考虑问题的角度不同，结局也会不同。只考虑他人，一点不管不顾自己，可能是圣贤，也可能是伪善；只考虑个人，一点不管不顾他人，肯定是小人或坏人。所以，这两个极端与道之得失、助之多寡无关。所谓得道，关照大家同时不自残者也；所谓失道，伤害大家，唯我独尊者也。

饱汉不知饿汉饥，不是饱汉蠢，而是饱汉无饥饿感，并推己及人，盲从自己的感觉从而犯了错误。

老百姓没饭吃，晋惠帝问"何不食肉糜"成了千古笑话。然而，从小衣食无忧如此发问的岂止他一人？区别可能在于是否被人点醒。例如，齐景公有幸被晏子点醒，换了个角度成了明君。

景公之时，雨雪三日而不霁。公披狐白之裘，坐于堂侧阶。晏子入见，立有间，公曰："怪哉！雨雪三日而天不寒。"晏子对曰："天不寒乎？"公笑。晏子曰："婴闻古之贤君，饱而知人之饥，温而知人之寒，逸而知人之劳，今君不知也。"公曰："善！寡人闻命矣。"乃令出裘发粟与饥寒者。令所睹于涂者，无问其乡；所睹于里者，无问其家；循国计数，无言其名。士既事者兼月，疾者兼岁。孔子闻之曰："晏子能明其所欲，景公能行其所善也。"

景公为台，台成，又欲为钟，晏子谏曰："君者，不以民之哀为乐。君不胜欲，既筑台矣，今复为钟，是重敛于民也，民必哀矣。夫敛民而以为乐，不祥，非治国之道也。"景公乃止。

可见，昏君与明王、愚顽与圣贤、管理成功与失败，等等，关键在能否选准角度，换位思考，将心比心。

做人

做一个好人和能人是很难的，因为有坏人和庸人存在。但是，再难，也要坚定地做一辈子好人和能人。

所谓强人，不过是些比别人更能承受压力和屈辱的人。

从不妒忌的人是没有的，除非他已经彻底死心了或者灰心了。

手足的力量是有形的、有限的；思想的力量是无形的、无限的。然而，再伟大的思想都得靠手足去落实并见效。所以要争做知行合一的人。

内心安宁是幸福的最高境界，也是幸福的核心意义。内心不安是一种折磨和痛苦。唯有经历过这种感觉的人，才能体会安宁是幸福的本质和基本形式。

做人要实。《国语·晋语四》："华而不实，耻也。"《论语·学而》："巧言令色鲜矣仁。"然而，虚伪又是人与动物区别之一。

君臣既是一种称谓，更是一种职责。所谓君君臣臣，强调的是履职尽责。《国语·齐语》引管子的话说："为君不君，为臣不臣，乱之本也。"套用今天的话说，人不管做什么，都要认真，都要恪尽职守，都不能忘了初心和使命。

做一个理性人。尽管理性与情感矛盾时，情感往往胜出。陀思妥耶夫斯基《被侮辱与被损害的人》中的娜塔莎就是成千上万这类人中的一个，他们注定悲催。

做一个专家。古诗云："浓绿万枝红一点，动人春色不须多。"（《泊宅编》卷第一）人生苦短，成就有限，有一点出类拔萃令人羡慕，足矣！哪能什么都比别人强呢？

做一个自律的人。宋代方勺《泊宅编》录有两句诗词，令人印象深刻："野柳狂花无管束"，"而今乐事他年泪"。人生在世，哪有无边界的自由？哪能无拘无束如野柳狂花一般？今日我行我素、为所欲为，他日必追悔莫及！

做一个谦虚的人。泰戈尔说得好："当我们是大为谦卑的时候，便是我们最近于伟大的时候。"（《飞鸟集·五七》）

诬人终害己。读《聊斋志异·霍生》知玩笑之不可至于诬人清白。"私病加于唇吻"，诬人者可鉴矣！

反思或自省是成熟的标志，抱怨和指责是幼稚的表现。"不要因为你自己没有胃口，而去责备你的食物。""我们把世界看错了，反而说它欺骗我们。"（泰戈尔：《飞鸟集》）

做一个善良的人。天下哪有什么返老还童、起死回生之术。《聊斋志异》告诉我们，心善而已。

做一个自然的纯粹的人。庄子的追求——含哺而熙，鼓腹而游，有时觉得就是莫泊桑描写的"全身沉浸在纯粹的兽性的舒适里"（莫泊桑：《一个女雇工的故事》）。庄子对时代和社会的丑陋现象，例如贪婪、伪善、虚荣等着实看不惯。他一直在贬低人的社会性，美化人的动物本能。

从宗教信仰中汲取人生智慧。例如，儒释道三教，北齐有个叫李士谦的人比喻说：佛，日也；道，月也；儒，五星也。（明·何良俊：《四友斋丛说·释道一》）显然李士谦是佛教的粉丝。事实上，三教各有千秋，互有短长。总的来说，儒励志，辛苦；道自然，洒脱；佛无我，心安。

真理不言，事实不争，逻辑不辩。正常的人尊重知识，可靠的人讲究逻辑。不顾常识，谓之无耻；不讲逻辑，名曰糊涂。

好人好事可以推断，坏人坏事难以想象。因为好有上限，坏无底线。

存心善，居心良；是即是，非即非，谓之有德。

所谓两面派、伪善者（dissembler）、伪君子（hypocriter）无非是些反人性言行的倡导者。因为反人性，所以他的言行只能停留在表面，迟早会被戳穿。

犹豫者心必虚，果敢者力须实。

美言悦人，直言刺耳；多嘴招怨，寡言少悔。

沉默亦难矣！尤其对那些还有点正义和良知的人来说。

正道直行不易，而邪门歪道十分危险。人生一世宁愿攻坚克难，不可铤而走险。

智能化的结果是一般人的价值迅速贬损。

人品

　　人品，即人的品德、别人的基本评价。人品好，交口称赞；人品差，余食赘行，物或恶之。

　　人品无价。切不可因贪污、受贿、占便宜等行为而被人定价、低估。

　　人品是一个社会概念。人品好坏，是在人与人之间的交往中被界定的。正像商品价值的大与小，是在商品交换中被实现一样。

　　人品是一个道德概念。人品好，意味着本质善良、诚信，做事中规中矩，可预期，让人放心。人品差，意味着缺德、害人、损人未必利己，要提防。

　　人品是一个综合概念。某些方面不错，某些方面差劲；曾经好，现在坏；对亲友可以，对他人使坏……人品终究不行。人品反映的是人的综合素质，体现的是始终如一，各方面都无可指摘才行。

　　人品差比人品好传播更快。宋代孙光宪《北梦琐言·六》：“晋相和凝，少年时好为曲子词，布于汴洛。洎入相，专托人收拾焚毁不暇。然相国厚重有德，终为艳词玷之。契丹入夷门，号为曲子相公。谚所谓‘好事不出门，恶事行千里’。士君子得不戒之乎？”人品差，可比填几首“艳词”严重得多，属于真正的坏人坏事，闾巷草野，无不知之！因此，人品差的人，路一定越走越窄。

　　人品坏，原因众多。有先天的，有后天的；有性格原因，有修养原因；有外在的，有内在的。但最常见的原因是：极端自私、表面自负而实质自卑、狭隘、伪善、虚荣。自私者，必损人；表面自负而实质自卑者，喜欢拆台，拉帮结派；狭隘者，不容人，好斗；伪善者，使阴招；虚荣者，好吹，撒谎，见不得别人好。

"使人高贵的是人的品格。"这是劳伦斯的名言。的确，人品差，其余不足观也。"品格是一种内在的力量，它的存在能直接发挥作用，而无需借助任何手段。"这是爱默生的名句。的确，好的人品，即领导力、亲和力、号召力。

　　诚实、守信，是人品的内核。左拉说："失信就是失败。"可以补充一句：守信即可守成。西塞罗说："没有诚信，何来尊严。"因为谁都讨厌骗子、伪君子！高尔基说："人类最不道德处，是不诚实与怯懦。"所言极是。

　　什么都可以舍弃，唯有品德不能离身。舍弃品德，不配做人，亦无以报国。史迈尔先生说："良好品格是人性的最高表现。好的品性不仅是社会的良心，而且是国家的原动力。因为世界主要是被德性统治。"选人用人必须坚持德才兼备，以德为先。

性格

　　性格，也叫脾气、性情，是看得见、可感知的人的自然本质与社会本质。杰克·霍吉说："思想决定行为；行为决定习惯；习惯决定性格；性格决定命运。"事实上，决定命运的因素特别多。只拿性格说事，容易陷入唯心主义。何况同一性格、同一个人，在不同的客观环境里，结果有可能完全不同。再说，命运也影响性格的形成和呈现。

　　性格有好坏之分、刚柔之别。每个人都觉得自己的性格不错，问题都出在别人身上。这叫"人不知自丑，马不知脸长"。性格互补，双方比较容易相处。"同性相斥，异性相吸。"在性格搭配上，也存在类似现象。一个爱说爱笑的人，适合找一个善于倾听的人；一个细心的人，可能更喜欢粗枝大叶的人。

　　存在决定意识，环境、经历对性格的形成和表现有较大的影响。但是，先天的、遗传的基因即身体自身的原因更重要，甚至起基础性、决定性作用。总有一天，科学会证明：表面上，性格是意识通过言行对外在的客观存在的反应。实际上，性格更是身体发出的信号。性格是天生的。利害关系趋同的人，对同一事件的不同反应，或者，一个人在不同时空条件下，对同一件事情的不同反应，就说明了这一点。俗话说："江山易改，本性难移。"你能在几十年后的同学会上发现：每一个同学的性格，与当初读大学时，很可能没有两样。时间，仿佛改变了一切，唯独忘了人的性格。柏拉图说："时间带走一切，长年累月会把你的名字、外貌、性格、命运都改变。"不敢苟同。性格好的人，身体往往很好；性格不好的人，身体更容易出毛病。这是表面现象。实质上，容易生病的人，性格往往比较暴躁。性格好的人，智商和情商都比较高；性格不好的人，智商和情商普遍较低。

　　与性情温和、性格好的人共事、组建家庭、做朋友，是十分幸福的事。但这种事可遇不可求。在这里，幸福无异于幸运。人上一百，形形色色。林子大了，什么鸟都有。人生一世，必须做好与不同性格的人工作、生活的准备。这不仅关系到你处在什么样的人际关系中，也关系到你自身的幸福和安宁。

　　要与不同性格的人相处好，首先，自己的性格要好：要宽容，不计较，以诚相待，不怕吃亏。从而尽可能让自己的性格具有更加广泛的适应性。其次，分类施策，避免性格冲突。对性格暴躁的人，不要火上浇油；对性情迟缓的人，要保持耐心；对聒噪的人，要学会倾听；对固执己见的人，要相信实践是检验真理的唯一标准；对多疑的人，用证据说话；对吹毛求疵、求全责备的人，只能点头和隐忍……

　　道理都是一样的，大家也都明白。性格，似乎殖于骨髓，源于基因。教育的作用极有限。爱迪生说："性格的培育是教育的主要目的，虽然它不能算是唯一的目的。"这话值得商榷！经历和环境对性格有影响，也只是程度上的区别，不是本质上的改变。一个忧郁的人，功名利禄上的满足，能让他高兴一时，却不能让他高兴一辈子；一个乐观的人，困难、挫折会让他悲伤一时，但不会使他一蹶不振。

同心

人世间最容易做的事可能是利益交换，而最难做的事是心灵沟通。所以，马克思说：商品经济使社会关系变得简单。

俗话讲：知音难觅。

同心难，但同心产生的获得感是明显的；知音少，但知音创造的幸福感是空前的。《周易·系辞上》说："二人同心，其利断金。同心之言，其臭如兰。"

"同心""同志"两词早见于《国语·晋语四》："同心则同志。"然而如何同心协力实现人类共同意志，仅靠说教是不行的，还得靠机制、体制和法纪保障。

画同心圆、求公约数、找共同点，三者意思一样，目的都是统一思想和行动，即通过共同利益的捆绑等方式，实现共同意志和集体目标。但求同与存异密不可分，两者是对立统一的辩证关系，强调任何一方或忽略另一方都不对，都可能产生严重后果。不求同，则散沙一盘，大事难举；不存异，则专制盛行，压抑严苛。

再干净的地方都会有病毒存在，再优秀的组织都会有坏人作祟。《墨子》说："甘瓜苦蒂，天下物无全美。"完美者，可望而不可即也。同样，世间有君子也有小人；有志同道合的朋友也有内奸和反对自己的人。

幸福快乐不仅源于自己的心想事成，有时也源于别人的痛苦和失败，即幸灾乐祸。人心叵测，各怀鬼胎。

人与人之间厌恶是普遍的，喜欢只是特定的、个别的、一时的。人见人爱、花见花开只是一种愿望！

蒲松龄笔下的清朝官员是这副样子："出则舆马，入则高堂，上一呼而下百诺，见者侧目视，侧足立，此名为官。"（《聊斋志异·夜叉国》）呜呼！为官如此，云何爱民如子上下同心？！

古代中国的"和"是等级前提下的和，"一"是服从基础上的一。在不平等的时代和社会，要做到心往一处想劲往一处使谈何容易？

在中国古代，王权、皇权再高高不过天地——"大者天地，其次君臣，所以为明训也。"（《国语·晋语五》）"吾王敢无听天之命，而听君王之命乎？"（《国语·越语下》）天之命即仁义、廉耻、机遇等儒家倡导的规范，君王为所欲为事实上是很难的、不可持续的。儒家思想可以说是古代中国统一所有人——包括皇帝大臣平民百姓思想的工具。

古书中的"古者"并非单指过去。多数情况下亦指儒生心目中的理想世界。"古者即过去"容易误解古人，误导后人；"厚古薄今"现象容易让人误以为作者好发思古之幽情，动辄感叹今不如昔，似乎很迂腐、很可笑。其实不是那么回事。他们事实上在做"托古改制"的梦，试图用古者如何来阐述自己的某种观点、主张、改革建议，试图开导和引导时人的思想和认识。

完美

在汉语里，有完美无缺、十全十美、白璧无瑕、圣人等说法。英文也有类似单词：sage，perfection 等。可见，人类对完美的赞赏和追求是一样的。

愿望归愿望，事实归事实。世界上哪有真正的完人呵！古人说：人无完人，金无足赤！说的是历史和现实，也是未来。即使一个人身上全是优点，按照辩证法，也同时是缺点。优点中有缺点，缺点中有优点，优缺点在不同场合互相转化。所以，完美，像水中月、镜中花。

尽管人世间不存在绝对完美，但相对完美、近似完美是有的。追求完美是向上向善的表现，应该鼓励和弘扬！不能因为绝对完美不存在而放弃修身养性，放弃努力，放弃理想和信念。随波逐流，得过且过，是要不得的。

既然绝对完美不存在，那么，求全责备显然有问题。凡事讲相对和比较。两利相权取其重，两害相权取其轻。总体有利、综合有益的事即可做，总体不错的人即可交。

完美的人和事有没有？有！在文学作品中，在哲学著作中，在政治家的理想中，在寻常百姓不切实际的奢求中。东家之子，太阳城乌托邦，至人圣人君子知音纯粹的人等，不胜枚举。看看宋玉笔下的绝世佳人吧："天下之佳人莫若楚国，楚国之丽者莫若臣里，臣里之美者莫若臣东家之子。东家之子，增之一分则太长，减之一分则太短；著粉则太白，施朱则太赤；眉如翠羽，肌如白雪；腰如束素，齿如含贝；嫣然一笑，惑阳城，迷下蔡。"（《登徒子好色赋》）

完美，像数学里的无穷大、无穷小概念，可以接近，不可以达到。正确的态度是，既不因绝对完美不存在而放弃追求，放低要求；也不做完美主义者（perfectionist），按圣人的标准要求一切人和事，那样只会让人反感，招人厌恶，导致人际关系紧张甚至冲突，或者形成虚伪的社会氛围。

如果要给完美下个定义，可以说一切自然的都是完美的。然而，完美也是一个主观概念。人们只有在衣食无忧、身心健康的前提下发现和欣赏它。因此，人们需要按照自己的目的改造世界，为了生存和生活需要生产劳动，需要组织和分工。而在社会活动中，不是每一件事情都令人愉快的，或者说，只有称心如意的才是完美的。

承认世界不完美的人，往往比较宽容，他们的要求也相对低。相反，完美主义者，理想主义者，比较严苛。律己严，责人亦严。大多数人的一生，是完美与不完美的交集。他们因完美而幸福，因不完美而遗憾。完美主义者和得过且过的人都是极少数，这种状况符合正态分布。毫不顾及完美的人容易演变为烂人，而完美主义者容易挑剔，刻薄寡恩。所以，在完美的问题上，也有一个度的问题。

愚蠢

智商，可分级，可测量。真正傻的人像动物一样，不会赞美人，他只会根据本能行事。主动赞美人的人，未必不如被赞美的人。

愚蠢，英文常用 fool 这个词，译成"糊"的话，则音义皆通，且易记。此外，dunce，dullard，stupid，ignorance 等词，也有愚笨的意思。

中国人说，四十而不惑。四十而不名，斯亦不足畏也。英国人说，A fool at 40 is a fool indeed。

熟悉情况十分重要，或者说，调研很重要。有人发现，蠢人在自己家里知道的事情，要比聪明人在别人家里知道得多。

人处于非理智状态，后悔是必然的。毕达哥拉斯说：愤怒以愚蠢开始，以后悔告终。这是经验之谈。

知识是愚蠢的唯一解药。高尔基讲：懒于思索，不愿意钻研和深入理解，自满或满足于微不足道的知识，都是智力贫乏的表现。这种贫乏通常以两个字来称呼，那就是"愚蠢"。

有些愚蠢或愚昧，是被人愚弄和欺骗的结果。一旦真相大白，事实清楚，没有人愿意继续愚蠢下去。

英国人发现：Examination is a formidable event to the best prepared, for the greatest fool may ask more than the wisest men can answer。一些人因为地位处于类似主考官的地位，部下一时不能回答他的问题时，即横加指责，破口大骂，殊不知他未必比别人聪明勤劳——如果调一下位置。

半桶水，最可怕、最误事。歌德讲：愚者和智者同样是无害的，只有半愚蠢和半智者才是危险的。

大智若愚，不耻下问，是明智的。有人讲，敢于当傻瓜是走向聪明的

第一步。这话比较老练。

大愚若智，很可笑。伏尔泰讲，自以为聪明的人，哦，天呐！是大笨蛋。补充一句：这样的人，盲目自信，极端自负，所以容易失去别人的帮助。

愚蠢、智商低，遗传和教育都有责任。只看见别人的错误而忘记自己的缺点的人是蠢人的本性。这话未必全面。所谓情商低，仍然是智商不足以处理复杂的人际关系而已。

真正的傻瓜，或者说，最蠢的人，是那些不会思考的人。脑里没有问题，心里没有答案，眼前没有办法，身后没有预案。德国有个科学家说得对：只要一个人还没有停止问问题，他就还不是真正的傻瓜。

俗话说，聪明反被聪明误。又说，机关算尽太聪明，反误了卿卿性命。西方人说，过分聪明反而愚蠢。说的是一个意思。历史上，这类例子太多了，完全符合否极泰来、物极必反的道理。

苏东坡有一首诗，题目叫《洗儿》，很有意思，内容是这样的："人皆养子望聪明，我被聪明误一生。唯愿孩儿愚且鲁，无灾无难到公卿。"表面看，这首诗违反逻辑，标新立异，令人费解，不敢苟同。实际上，这是苏氏一生的无奈，是封代制度的悲哀，是士大夫的一把辛酸泪！他并非真的在歌颂"愚蠢"，拒绝聪明，渴望孩子"愚且鲁"。

智者埋头苦干，默不作声。在他那儿，没有什么困难和挑战，他没办法解决。而蠢人除了唠叨，不断地请示、汇报，自己束手无策。

良知

　　良知是一个人的自我意识、自我价值判断和自我行为准则，是做人、做事的底线，是法律、道德的下线。丧尽天良意味着破了底线和下线。

　　法律是成文的良知，道德是约定俗成的良知。己所不欲，勿施于人。己欲达而达人。尽管法律条文多，道德要求多，一以贯之的，是人间良知和社会良知。

　　所有的坏人、坏事，归根结底，是良知的缺失；所有的不正之风，不齿之行，都源于良知缺位。

　　良知，隐于心，显于行；感于己，断于人。有无良知，不是自己说了算，而是社会说了算。一个拿高薪却不愿意做事、没有担当的人，是没有良知的。

　　中国历史上，理学强调的是外在的、客观的理念和礼法约束。而心学强调的是内在的、主观的感悟和自律。良知，是心学的重要概念。致良知，即倾听内心，听从内心，将心比心；尊重人性，相信人性，找回仁爱和善良。

　　良知，通俗地说，对得起人，对得起雇主。拿人工资，应该好好为人工作。拿人奖金，应该有所贡献。作为一个公民，要对得起国家；作为一个家长，要对得起孩子……良知就这么简单。

　　良知近似良心。从字面上理解，良知重在认识和态度的正确；良心重在静态的价值判断。居心不良的人，必视良知为粪土。而讲良知的人，本质上是善良的、守规矩的。

　　良知的基本内核是存在的。但空间上的差异和时间上的差异也是存在的。"良"的标准因时因地不同，"知"的深度和广度也会变化。有的所谓

"良知"，在另一个国家或时代，成了糟粕和笑话。所以，良知具有时代性和区域性。

在是非、对错、真假等问题上，凭良心、守良知意味着坚持真理，尊重事实。不做违心的事，不说违心的话。但是，一旦卷入利益斗争、政治斗争，凭良心、守良知，往往需要付出代价。历史上，因为不愿意放弃良知而惨遭打击的冤假错案不胜枚举。

守护良知，扪心自问，做正派的人，是艰难而幸福的事；放弃良知，问心有愧，内心终究不得安宁，人生也不可能行稳致远。

生老病死

唯一

无数"简单"构成"复杂"，无数"唯一"构成世界。每一个个体及其组件，都是唯一的，这叫绝对唯一。物的唯一性，构成其客观、独立存在的理由。

人们通常说的"唯一"，是相对的、有条件的。在一定时空范围内，按照某一标志遴选后产生的。

物以类聚。唯一性不排斥类似性。因为类似性存在，于是，有了种类划分。比如，人类、人种。种、类一旦划定，同样具有新的唯一性。所以，唯一有大小之分，大的唯一包含"类似"名义下小的唯一。

在人群中，脱颖而出，出类拔萃，鹤立鸡群……总之，正面的唯一是莫大的荣誉；相反，负面的唯一，可能罪大恶极，遗臭万年。

唯一，具有排他性。两个或两个以上就不具有唯一的特征，就不是独一无二。例如，皇位具有唯一性。皇子皇孙多，都想做皇帝，于是，争斗开始，直到一个胜出其余败退为止。又如，一夫一妻婚姻制度下，丈夫或妻子这个角色，具有唯一性。一旦出现第三者，就会出现感情纠葛，视对方为情敌，势不两立。

孤独，是"唯一"的代价。最典型的例子是皇帝，自称"孤家""寡人"。江湖上，天下无敌，当然很厉害，但是也很落寞，还是棋逢对手、将遇良才、高山流水有意义、有意思。

情感领域的"唯一"带有主观性，因此，是可变的。随着视野开阔，标准改变，"唯一"的阶段性和空间局限性越来越明显。爱情歌曲里常用的句子"你是我的唯一"，就是这种情况。

每个人的经历，都具有唯一性。但是，经过媒体的宣传，某些人的"唯一"成了大众羡慕妒忌恨的对象，或者反面教材。所以，唯一，也是社会有意选择和放大的结果，并不全是天然的。

爱情

爱情，既是一种心理感觉，又是一种生理现象。青春期开始前，两小无猜；更年期后，老伴而已。所以，有人说，爱情是男女寻觅知音、寻找理想性伙伴乃至繁衍优秀后代过程的高雅说法。

爱情不同于亲情、友情、乡情。首先，它是男女间的事，有性别要求；其次，它具有排他性，卧榻之旁岂容他人鼾睡；再次，在传统社会它以结婚为最高形式，以离婚为结束标志。

爱情需要经济基础。饱暖思淫欲，饥寒起盗心。或者，仓廪实而知礼节，衣食足而知荣辱。或者，嫁汉嫁汉，穿衣吃饭。虽然现代女性经济独立，但也绝不会爱上一个一无所有且看不出任何潜力的男人。

爱情是无数男女间的一对组合，因此具有偶然性。这种偶然性，有人称为"缘分"。尽管"偶然"包含着"必然"，但如果"必然"不是建立在责任和品德上，比如，建立在相貌和金钱上，那么，爱情的基础就是极其脆弱的、可变的。

真正的爱情，比如梁山伯与祝英台，许仙与白娘子，董永与七仙女，贾宝玉与林黛玉等，都在小说里、诗歌里、戏剧里、童话里、寓言里，不在现实世界里。扣除一厢情愿，不算痴情殉情，人间爱情所剩无几，绵绵情话无非思念、理解、支持、关心、唱和。

是不是真正的爱情，盖棺才能定论。否则，叫一见钟情，再见分心；叫一时冲动，过时冷静；叫饥不择食，贫不择妻。所以，人们祝福新人的话，通常是白头偕老、百年好合。

爱情是世俗的，浪漫在做给别人看的同时，也满足自己的虚荣心。爱情是现实的，情话像电影里的配角和配音，切勿本末倒置。

如果过于看重物质财富，知多知少难知足，那么，的确，"爱情两个字好辛苦"；如果把爱情等同于吃喝玩乐，那么，爱情真是"甜蜜蜜"；如果视爱情如流水，那么，迟早要失去！如果有心陪对方"慢慢变老"，爱情就会像生命一样被呵护和珍惜！

爱情是粗人们的油盐酱醋养儿育女，是文人雅士们的风花雪月琴棋书画，是少男少女们的情窦初开扭捏羞涩，是大爷大妈们的男大当婚女大当嫁。

现代医学技术的进步和社会观念的转变，使性、爱、婚姻之间的相关性越来越差，也使爱情、婚姻这类严肃的事情越来越不严肃，一些明星、名人毫不掩饰甚至故意炒作自己的绯闻就是如此。

婚姻

完美的婚姻是没有的。说有，那是假的、装的、表面的、一时的、写的、吹的。近乎完美是可能的，但也只是小概率，凤毛麟角。

婚姻之痛苦甚于独身。所以，要理解和尊重那些游离于婚姻之外的男女们。

多数婚姻是凑合的。婚姻，像一条贼船，上了就不容易下。因为人性中兼具的自私任性与自由自尊永远矛盾，所以只能凑合；因为子女纽带牵涉共同利益，所以欲罢不易。如果允许再选择，多数人还会选择伴侣，但不会选择婚姻。

从某种角度讲，结婚，是幼稚、感情用事的表现；离婚，是成熟、理性思考的结果。离婚比结婚更深刻、更老练、更值得理解和尊重。

随着避孕、堕胎、试管婴儿、克隆等生物医学技术进步，女性经济独立，养老制度完备，社会宽容……婚姻的必要性和重要性越来越差。历史和社会形成的逻辑：性→生育→养育→养老，被逐渐打破。婚姻，作为性生活的前提，生育的依据，养育的责任，赡养的基础，几乎被剥离干净。因此，现代婚姻与传统婚姻相比，更多的是形式上的意义。性伙伴扩展，单身母亲增加，亲家感情淡化，离婚率高……但男女矛盾却缓和了，女性悲剧减少了……即其脚注。

历史上，男女组合家庭或者说婚姻，既源于生理的自然分工与合作，也源于习惯的社会分工与合作，比如，男耕女织，男主外女主内等。如今，"男女平等"写进了宪法。没有老公，女人照样生活；没有老婆，男人也不会饿肚子穿脏衣服。单亲家庭的孩子，不再受人歧视，不觉得低人一等。鳏寡孤独呢？可以进养老院，不会流落街头。婚姻越来越像只空壳，越来越没有实际意义和实质内容了。

婚姻双方对婚姻存续的态度及其中的忠诚度、依赖感是不同的。尽管结婚是双方的意愿，正像牧师例行问的那样。一般来说，较弱的一方更看重婚姻。与男性相比，女性较弱势，因此，女性普遍比男性更看重婚姻。女性闹离婚，一定是她对婚姻极度失望且无法挽救或者她自认为比男方强，找到了更爱的人。

与其说婚姻制度是老百姓尤其是有钱人的自愿选择，不如说是统治阶级治理和掌控社会的工具。孔子讲：不患寡而患不均。财富分配是这样，性资源分配也是这样。从前，帝王多找几个女人在身边，大臣还有看法呢！例如，管仲说："臣闻之，上有积财，则民必匮乏于下；宫中有怨女，则有老而无妻者。"桓公听了说：好啊！并下令宫中："女子未尝御，出嫁之……则内无怨女，外无旷夫。"

家庭是社会的细胞。通过婚姻，绝大多数人被"软禁"在家，过着小日子。细胞没有癌变扩散，如啼饥号寒或贪婪自负，社会肌体就不会告急。起义军、革命党、反对派、外敌等，都是在摆脱家庭束缚后集结形成的巨大异端力量。传统的婚姻观、家庭观，完全是为国家治理、政权稳定服务的。即通过婚姻家庭将每个人拴住，什么孝为百善之首，什么三从四德，什么不肖有三无后为大，什么修身齐家……说穿了，是让你做一个听话的人。在这里，婚姻和家庭不是一种自由，而是一种束缚；不是一种权利，而是一种义务；不是一种向往，而是一种规范。传统婚姻的负面影响，就在这里。

爱是婚姻的生命。婚姻因相亲相爱、相互尊重而幸福。无爱的婚姻最不道德，毫无意义。像脑死亡、植物人、行尸走肉。无爱，意味着恻隐之心消失，取而代之的是厌恶和憎恨。

相互指责，是婚姻之大忌。而发现和欣赏对方的优点，肯定并感恩对方的奉献，是婚姻行稳致远的秘诀。

生育

多子多福，养儿防老以及不肖有三无后为大，是古人普遍而坚守的信念。那时候，相对地说，地多人少，人口作为生产者的意义超过消费者。其次，在医疗水平低的年代，高生育率与低存活率同时存在，人口增长受到疾病等自然抑制。提倡生育，未必意味着人丁随即兴旺。最后，生育无知导致生育迷信和神化，并以道德、伦理的形式强化，使生育能力缺乏者受到歧视。

生育，是夫妻共同的责任和愿望。它由生和育两个环节构成。生之易，育之艰。十月怀胎，二十年养育。生育成本迅速上升，是现代城市居民生育率和生育愿望下降的重要原因。同时，生育科学进步，不仅使出生可控，而且，使怀孕生子失去了神秘面纱，丁克家庭再无耻感。

因为医学进步和有关技术的突破，一些根深蒂固的生育观念发生了动摇：性与生育的必然联系，被避孕套和人工授精、试管婴儿技术打破。现代养老制度让养儿防老显得土冒。自己花钱为社会培养人才的想法开始流行。"十年修得同船渡，百年修得共枕眠"的说法越来越可笑。婚前财产公证，好分好散等，变化不一而足。

在雇佣劳动制度下，根据美国人的观察和计算（《时代》，2020 年 11 月 16 日）：失业率每增长 1%，出生率即下降 1.4%。人要生活，要有收入，而且生活水平具有刚性。"由俭入奢易，由奢入俭难。"因为增加子女而降低生活水平，增加生活压力，很多人是不愿意的。所以，美国人的结论完全符合逻辑。与古代天灾人祸、经济凋敝导致的人口减少，一脉相承。

尽管生育越来越像播种、育苗、栽培……近乎机械动作和化学实验，养儿育女的过程也很辛苦，伴随着烦恼和无穷牵挂甚至痛苦。但是，天伦之乐仍然是巨大的，令人激动的和向往的。追求这种快乐，是人类生育比较大的动力和动机之一。

优生优育，实际上，是自然法则。动物交配权并不是平分的、相等的，一雌一雄关系并不是固定的，而是竞争取得的。有人出轨，不仅是移情别恋的结果，也是人的动物性放纵的表现。当然，人类社会不可能大面积出轨并生育。近亲繁殖对人类有害。但一夫一妻制也要提倡优生优育：自由恋爱、婚前检查、孕前准备、孕期观察等，都是为了确保优生优育的举措，是正确的，必须从源头上控制残障儿童出生。残障，不仅是本人的不幸，也是家人的不幸，对社会也是负担。

衰老

衰老是绝对的，也是相对的。所谓相对，是相对于比自己年轻的人而言。

衰老是一个自然过程，表现为身老；也是一个社会过程，表现为心老。器官因长期、反复"磨损"而衰老，是自然过程。心力交瘁，心理年龄大于生理年龄，衰老表现为一个社会过程。人们常说：穷人的孩子早当家，就是一个很好的例证。在自然衰老的过程中，时间是主要因素。"古人不见今时月，今月曾经照古人！"它不以人的意志为转移。在社会性衰老过程中，经历、苦难、失望是最主要的因素，它们是可以因境况改善而改变的。

衰老一开始表现为器质性的变化：毛发灰白，皮皱肉松，记忆衰退，头昏眼花，等等。然后表现为精神上的颓废：激情缺乏，兴趣索然，得过且过。悲，莫过于衰老；哀，莫大于心死。

衰老是死神派出的亲友和特使，是赶不走的。唯有善待，让衰老过程更慢长一点，离死神更远一点。

衰老是人生最深沉的伤感，如果生命值得留恋。衰老势不可挡，无可奈何，权力和金钱也束手无策。唯有顺其自然，泰然处之。

衰老让人同情和怜悯。但只有德高望重，才能同时让人尊重。为老不尊，是要遭人嫌弃和批评的。

衰老并不可怕，更不可笑。没有衰老也就没有新生。"人生代代无穷已，江月年年只相似。"人本身是大自然最聪明的孩子，是浩瀚宇宙的一颗流星、一道闪电。

永葆青春，是人们的美好愿望。事实上，这是不可能的。青春与衰老同时存在，只是表现在不同年龄阶段的人的身上。为了抗击衰老，延缓衰老，各种药品和方法产生了，甚至形成了庞大的产业，创造了无数就业岗位和大量的 GDP。随着生活水平的不断提高，医学的进步，人的寿命大大地延长，衰老的起始年龄已大大后延。

每一个老人都曾拥有青春，而每一个年轻人也都会衰老。但是，在孩子的眼里，爷爷奶奶、姥爷姥姥，天生是老头和老太太。如果明白衰老是一个过程，青春是人生的一个阶段，将心比心，不忘初心，那么，消除代沟也是完全可能的。

未来是漫长的，过去是短暂的。过去，在记忆的仓储中被压缩；未来，在急切的盼望中被放大延长。展望未来，人们充满激情和期待；而回忆过去，心情往往十分复杂。所以，老人觉得人生苦短，经常感时伤逝；而年轻人觉得路漫漫其修远，要上下求索！

衰老而能生活自理，不给子女和亲友添麻烦，这已是莫大的幸运和幸福。至于清贫一点、卑贱一点，根本算不了什么。

活到老学到老，讲的是终身学习的道理，但也是老而充实的办法。老骥伏枥志在千里，讲的是终生奋斗的精神，也是老而不衰的办法。一个老而好学的人，永远是时代的年轻人；一个老而奋斗的人，永远是值得钦佩的人。

死亡

　　活着的人，不曾死过。死去的人，不曾复活。所以，论死亡，不可能是谁的亲身经历，只能是观察和思考、想象和推测，比如以麻醉、昏迷、睡觉等类推。

　　死亡，不只是一个医学、生物学概念，也是一个哲学、社会学等多学科概念。全身失去知觉，所有器官停止运行，即死亡。医学上有脑死亡和心脏死亡两种。死亡证书要证明的是这种死亡。有生必有死，自然规律，没有什么可讨论的。"神龟虽寿，犹有竟时；腾蛇乘雾，终为土灰。"然而，从哲学、社会学角度看，可说的就多了。

　　疾病、衰老，导致自然死亡；战争、贫困、仇恨，导致人为死亡；精神压力、绝望无助、失眠、神经紊乱，导致自杀。

　　西方有句谚语，叫"Death is the great leveler"。即，是人皆死，谁也逃不掉！在死亡面前，人人平等。死亡本身是平等的，无差别的。唐代唐彦谦《仲山》："长陵亦是闲丘垄，异日谁知与仲多。"即做帝王的刘邦与其做农民的二哥刘仲死了有啥区别呢？佛教讲众生平等，和尚们也都是素食主义者，但事实上众生差别大着呢！庙里等级严着呢！人与人之间差别大着呢！众生平等，可以说是一种愿望；而"是人皆死"倒是不争的事实。

　　毛泽东说过，"人总是要死的，但死的意义有不同。中国古时候有个文学家叫做司马迁的说过：人固有一死，或重于泰山，或轻于鸿毛。为人民利益而死，就比泰山还重；替法西斯卖力，替剥削人民和压迫人民的人去死，就比鸿毛还轻"。在这里，死亡被赋予了政治意义、社会意义和道德意义。在一部分人眼里，公平、正义、自由、爱情、友谊等人间美好的东西，比生命更珍贵。

阿富汗独立人权委员会主席沙哈扎德·阿克巴尔说，"We die, there is a Twitter ,and people move on"。事实就是这样，别人的痛苦乃至死亡，在不相干的人的眼里、心里，没有什么感觉和反应。只有亲人、朋友和相识的人，会有情感上的变化和感叹。

死亡，既是简单的，又是复杂的。死亡本身是简单的，一旦涉及情感和价值判断，它就变得十分复杂。视死如归者，一定相信自己没有错，自己的信念和行为是伟大的、光荣的、正确的；贪生怕死者，一定认为生命高于一切，其他都是次要的；死不瞑目者，与死而无憾的人相反，一定有委曲或有遗恨；死有余辜者，生前干的坏事太多了；鞠躬尽瘁，死而后已者，一定勤勉尽责，受人尊重；死生有命，富贵在天，一定把偶然性看成了必然性；好死不如赖活着的人，一定认为死是最痛苦的；庄子妻死，鼓盆而歌，他一定认为死是一种解脱，是终也是始。

所谓"身外之物"，只有从死亡的角度去理解，才是准确的、深刻的；所谓"所有权"，也只有从死亡的角度去理解，才是可笑的、浅薄的。然而，没有身外之物，特别是名誉、信念、评价等外在的东西，死亡的意义也就无从谈起了。

一个人自我断定：活着失去意义，或者没有意思，或者走投无路，或者心身痛苦不能自拔，那么，死亡对他来说可能是一种比较好的选择，社会应该给予其必要的理解和宽容，甚至尊重。一个想活的人让他死去，同一个想死的人让他活着，同样不人道。

年龄（上）

年龄是时间留在人的身心上的标识。始于出生，终于去世。寿夭由天亦由人。人可为则为，天不可违则不违。

年龄分阶段：婴幼年、童年、少年、青年、壮年、老年、暮年、残年。"人见白头嗔，我见白头喜。多少少年郎，不到白头死。"

老少是相对的。放眼望去多为长者，说明你还年轻；放眼望去多为稚者，说明你垂垂老矣！

"我跟每一个人是同年的。""我永远跟村子里最年轻的人一样年轻，跟最年迈的人一样年迈。"这是泰戈尔在《园丁集·二》吟咏的两句诗。我十分赞同他的说法和心态。有了这种心态，不仅能跟每个年龄段的人相处融洽愉快，同时，自己也不会因为逐渐衰老而长吁短叹乃至于自惭形秽。

不要因为衰老而烦恼。"没有一个人长生不老，也没有一件东西永久长存，兄弟，记住这一点而欢欣鼓舞吧。"（泰戈尔：《园丁集·六八》）每一个年龄段的人都可以活得很精彩、很幸福。

未来是年轻人的，世界是年轻人的。无论如何，长辈要给年轻人创造机会，至少不得罪他们！"宁愿得罪白发翁，不可得罪鼻涕虫。"广东民间这么说。

少小最可爱，这不只是因为他们最纯真、最稚嫩、最无害。赤子之心，处子之态，让人轻松愉悦，心生怜悯；也因为他们象征希望，代表未来，传承基因。

谚云：三岁看小，七岁看老。是的，与生俱来的东西早有端倪，并且终身难改。外在的教育和提醒其效果主要取决于内在的、先天的个人悟性。

俗称：老不入粤，少不入川。见仁见智没有统一的权威的解释，但都承认"戒"之重要，承认环境于身心健康重要。

每个人都会变老。要善待老人、尊重老人。善待老人、尊重老人也是善待自己尊重自己的未来。所以人的最高境界是悦人及己。

为老不尊，是老年人最忌讳的。自尊自爱才能受人尊敬，无论居家还是外出。不是老人变坏了，而是坏人变老了。一个一向自尊自爱的人，不会因为年长而变坏。

人生固然美好，然而无德无能无建树，则与偷生无异。《论语·宪问》："原壤夷俟（原壤叉开腿坐着等待孔子），子曰：'幼而不孙弟，长而无述焉，老而不死是为贼！'以杖叩其胫。"

年龄（下）

出生有先后，年龄有大小。这是再简单不过的道理。父慈子孝，兄友弟恭，长幼有序，尊老爱幼……这是儒家为不同年龄的人的相处制定的基本规则，也是中国人恪守千百年的传统礼仪。在中国，年长是三大受人尊重的情形之一。按生理特征，年龄又分段，有童年、少年、青年、壮年、老年之说。没大没小，是要挨批评的。年长意味着见多识广，人们在过去相当长的一段时间里，靠经验生活。年长受人尊重，是基于这一基本事实。此外，养育之恩是每个家庭尊老、敬老的重要原因。

年龄差是客观存在的、可计量可比较的。但主观上，年轻者会夸大，年长者会缩小。由此，可以解释在许多人看来不可思议的现象，比如，老夫少妻或者形象地说"老牛吃嫩草"，老牛为什么会心安理得，无丝毫愧疚？再比如，为什么父母总想黏着孩子，而孩子却总想摆脱父母？

人，大致在 25 岁前后，性格定型，心智成熟。同样的年龄差，在 25 岁以前和 25 岁以后代表的情商和智商上的差别不同，即 25 岁以前的年龄段代表的差别较大，25 岁以后年龄段代表的差别较小，而且，年龄越大，差别越小。从教育划段也可以看出这一点。7 岁以前上托儿所、幼儿园，7～12 岁上小学，12～15 岁上初中，15～18 岁上高中，18～22 岁上大学，22～26 岁上研究生。划段多，划分细，且主要依据年龄划。二十五六岁以后，无论再接受什么教育培训，基本上都不按年龄划分班级了。

人的年龄越大，时间的脚步似乎越快。人的年龄越小，时间的脚步似乎越慢。而事实上，宇宙时间在均匀地流逝，没有快慢之分。年、月、日、时、分、秒之间，可以建立恒等式，即按固定比例换算。时间快慢完全是人的心理感觉。除了年龄影响人的心理从而导致心理时间有快慢外，快乐和痛苦也会影响人的心理时间。俗话说，欢乐，时短；痛苦，时长。

每一组年龄都有它这个年龄组该做的事、该有的特征以及好坏、利弊。逆生长是不可能的、反自然的。返老还童，只存在于神话、传说里，不存在于现实世界中。装嫩，既可笑，又可悲。爱美之心，人皆有之。年轻固然美，但美不限于年轻。深植于人的气质、修养、品德、才华、性格等内在美，才是永恒的美。

代差是存在的。以 10 ~ 20 年为一代。人的言行，与年龄及身体状况密切相关。比如，年轻时好动、好玩，年纪大了好静、好回忆；年轻时好色，年纪大了，没啥兴趣了，更看重人的品质和性格了。代差的存在是可以理解的，相互指责没有必要。追求幸福和舒适，是相似的。不同的是方式方法，应该相互尊重。

随着年龄增长，阅历丰富了，见识比以前多了，思想更深刻了，理解能力也上去了，小时候读不懂或者一知半解的东西，逐渐明白了；小时候不感兴趣的东西，开始感兴趣了，相反，小时候感兴趣的东西，现在看起来也觉得浅薄和无聊了。读书学习分阶段、看对象，是完全正确的教育方法。老而不学，靠经验吃饭，认为自己什么都懂、都明白，是不对的；少而胡学、乱学、什么都学，拔苗助长，囫囵吞枣，也是不科学的。年龄，不只是人生岁月的刻度，更是经验和理解力的标尺。

俗话说，宁可得罪白发翁，不可得罪鼻涕虫。当然，最好谁也甭得罪。如果必须二选一，这句俗话并没有大的错误。人老了，半斤八两，有没有反抗和报复能力，清清楚楚。可不可以得罪，心里明白着呢。相反，孩子未来不可限量，他们处于上升期，得罪了，将来够你喝一壶。

年龄，既是一个绝对概念，也是一个相对概念。生活好了，平均寿命长了。古之老朽，今之壮汉。公元 825 年重阳节，时任苏州刺史的白居易写诗说："请君停杯听我语，此语真实非虚狂。五旬已过不为夭，七十为期盖是常。"放在今天，70 岁死了，还不到平均寿命呢！

身体

　　身体（肉体）不等于主体（你我他），但身体承载主体。没有身体，主体亦不复存在。身体是壳，主体是魂；身体是实，主体是名。

　　生理和心理既有区别又有联系。在彻底的唯物主义那里，世界是物质的，一切都是物质的，心理自然也是生理现象或生理运行的结果。典型的例子是青春期和更年期人的心理随着生理的显著变化而变化。精神和行为异常或心理阴暗、性格扭曲、思想极端、行为变态的人大概率有病在身，需要医治。谴责、批评、教育他们是不够的，甚至是错误的。

　　权力、金钱、名誉等皆身外之物，但又隶属于单个的主体，在单个主体名下。因为身体承载主体，所以身体没了，人死了，这些或自动失去，或空空如也，于主体毫无意义。

　　权力可以延年，金钱可以益寿，但都改变不了必死的结局。顺其自然、怡然自得或许是最好的养生之道。

　　快乐和痛苦多种多样，但都基于肉体，作用于大脑及神经系统。肉体的痛苦与快乐是人生最基础、最基本、最底层、最直接、最个性化的痛苦与快乐。可以说，健康是快乐最本质的东西，是所有幸福的前提和基础。形灭神亦灭，身体乃人生本钱、事业根基。

　　身体的痛苦不是伤就是病。医药可以缓解甚至单项治愈，但彻底解除痛苦的，唯有死亡。因此医院和医生、器械和药物对身体修复和呵护极其重要。人们对身体有多重视，对医生就应该有多尊重！

　　身体状况主要取决于遗传、环境、保养、医疗、情绪等因素。遗传先天，环境客观，保养自主，医疗辅助，情绪调整。遗传是父母的责任，环境是社会的责任，医疗是医院的责任，保养和情绪是自己的责任。一靠坚持锻炼，二靠节制饮食，三靠放宽心态。

人们十分在意寿夭穷达。寿夭看身体，穷达看心智。"身体健康""事业兴旺"是中国人常用的祝福语！"万寿无疆"则是中国人献给皇上的祝福语！大臣最多九千岁。老百姓最实在，百岁足矣。

身心健康有"四快"：吃饭速度快，排便速度快，入睡速度快，反应速度快。

健康的身体是上天给予的资本，人间资本再雄厚，也有求于它；而陋残的身体，注定此生要付出更多的努力和更高的代价。

健康地、快乐地活着是对那些内心阴暗、行为龌龊的人的最佳回击。

在传统中国，道家看重身体，道教追求长生不老，视名利如腐尸；儒家看重精神，儒生可以杀身成仁，舍生取义，视名节胜生命。事实上，极端和偏颇的想法都是错误的、有害的。活，如果没有起码的尊严和价值，便失去了活的意义；死，如果追求的名节或理想本身有问题，也没有价值。

爱惜身体，确保自身安全，《孝经》一书特别强调："身体发肤，受之父母，不敢毁伤，孝之始也。立身行道，扬名于后世，以显父母，孝之终也。"可怜天下父母心！没有做父母的不希望子女健康成长，也没有做父母的不希望子女成才成名。父母有啥私心杂念呢？子女能健康平安、事业有成，就真的算孝顺了。

寤寐之间

梦境

日有所思，夜有所梦。梦，是人类思维活动在身体进入睡眠状态后，部分的、零乱的、拼凑的、自发的、无逻辑的延续；是潜意识的自我呈现。

梦见必曾见，实物或影像，目睹或想象。先天耳聋，不会梦见声音；先天失明，不会梦见光线。梦，属意识。而意识只能是被意识到了的存在。

用性、潜意识、压抑等概念解释梦境是片面的。人的一切都可以在梦中再现，不管形式多么荒唐，内容多么繁杂，情节多么不符合逻辑。例如，饥饿会梦见食物（饿死真吾志，梦中行采薇），寒冷会梦见冰雪（水落鱼梁浅，天寒梦泽深）……梦，也可以是身体需要的本能反应。

梦是睡眠的附产品。人在睡眠中，不同的器官，处于不同的状态。眼、耳、嘴舌、肌肉、关节等，处于休息状态。而大脑皮层、胃等器官，处于半休息状态。大脑接收的信息是不全的，挖掘和处理信息的功能也是不全的，因此，梦是奇怪的。"梦从海底跨枯桑，阅尽银河风浪。"

周公解梦，弗洛伊德释梦，都有一定道理。梦境半真半假，半实半虚，真真假假，虚虚实实，源于经历又不同于经历。蛛丝马迹，藕断丝连，梦境不可能完全摆脱现实。因此，可以从中判断、推断主人的心思心事以及目前的大体状况。观察分析多了、久了，便可以找到某些规律。例如，"昨夜闲潭梦落花，可怜春半不还家"。怨老公了。"夜阑卧听风吹雨，铁马冰河入梦来。"念失地了。"梦里不知身是客，一晌贪欢。"变故太大了。"梦随风万里，寻郎去处，又还被莺呼起。"想情人了……

梦的种类很多。按好坏分，有好梦、噩梦。按时间分，有晓梦、午梦、昼梦、夜梦、新梦、旧梦等。按内容分，有功名梦、相思梦、鸳鸯梦、黄粱梦等。此外，还有清梦、幽梦、愁梦、离（别）梦、归梦、残梦等。

中国梦文化相当丰富。有关梦的成语、词组很多。例如，黄粱美梦，白日做梦，实现不了。魂牵梦萦，梦寐以求，想得很。如梦初醒，明白了。醉生梦死，糊涂了。人生如梦，世事无定，人生短促。同床异梦，各有各的打算。痴人说梦，荒诞。夜长梦多，快办吧。南柯一梦，空欢喜。庄周梦蝶，齐物论。梦笔生花，有才气。江淹梦笔，才尽。飞熊入梦，助手不错。梦见周公，瞌睡。云梦闲情，男女欢会。至人无梦，凡人没办法。丹漆随梦，学好。好梦难圆，要努力。梦撒撩丁，没钱呵。梦中说梦，胡言乱语。梦想颠倒，心神恍惚。哑子做梦，说不出。红尘客梦，无聊。痴儿说梦，不靠谱。更长梦短，失眠，有心事。兰梦之征，要怀孕了。白鸡之梦，不祥。文鸟之梦，文思新颖。

如此等等，不一而足。

记忆

人的记忆应该是一个生理现象，就像录音机录音、录像机录像并保存、播放和放映是物理现象一样。录音、录像质量的好坏，完全取决于制造商的技术和工艺水平。类似地，人的记忆力的强弱主要取决于父母当时的身体状况——他们是孩子的制造商。当然，后天的保健、营养、锻炼也是很重要的，正像机械需要消费者自身养护一样。

记忆力是衡量人的学习能力和创造能力的重要指标。一个什么都记不住的人，或者记忆力差的人，是不可能出类拔萃的，甚至其生存能力都值得怀疑。据说，鱼的记忆只有几秒钟，所以它们总上钩。"人为刀俎，我为鱼肉。"

记忆力强弱，主要看先天条件。不过，后天的锻炼、训练、医治，也是有用的。比如，反复记，经常记，比着记。比如，增加营养，调养身体，加强体育锻炼等，都是提高记忆力的好方法，也是增强记忆效果的好方式。

年轻时，死记硬背，囫囵吞枣，虽似懂非懂，还真能记住，并且，一辈子忘不了。许多老人倒背如流的《三字经》《增广贤文》、唐诗宋词等，一问，都是孩童时背下的。年纪大了，记忆力下降，只能靠理解、内化帮助记忆，当然，效果也不会太差。

知其然是不够的，必须知其所以然。了解、熟悉事物事件、文章词汇背后的故事，来龙去脉，有利于记忆。例如，成语故事、诗词文章写作背景等。透彻理解后的记忆，恰如刻骨铭心。

熟悉并掌握构词方法、内在规律是记忆方法之一。例如，英文中的前缀、词根、后缀；中文里的偏旁部首，都是有讲究的。掌握其中的规律，有利于记、读、写、理解和运用。

本土化是记忆方法之一。如，英文 attorney（律师、代理人），按"俺托你"记；harass（骚扰、折磨），按"害尔死"记，lynch（私刑处死），按"凌迟"记，等等，大概一辈子也忘不了了。许多人学外语用的方法就是这样的，虽然不标准，但管用、实用。

有些字、词大同小异，可以采取串联记忆法。如中文己、已、巳三字，壶、壸二字；英文 hard，hare（兔子），harm，hark（诗用认真听），harp，harsh，hart（公鹿）等，可串起来记，效率高、效果好。

音译，创造新词，也是记忆法之一，且有利于双方扩大交流。比如，脱口秀（Talk show），推特（Twitter），淋巴（lymphatic），引擎（engine），阀（valve），等等。某些直译，也创造新词，如，甜心（sweetheart），脸书（Facebook），等等，这些新词一开始了解的人并不多，后来用的人多了，人们逐渐熟悉、习惯、接受，最后自然流行起来，并成了本土语言的一部分。

有无兴趣，注意力是否集中，影响记忆。毫无兴趣，或者三心二意，是记不住东西的。所以，发现人的兴趣，引导人的兴趣，尊重人的兴趣，激发人的兴趣，增强人的注意力，是扩大记忆效果的重要方式、方法。

痛苦的记忆，往往比幸福的记忆更深刻、更持久。这是因为人们视幸福快乐为应该，理所当然。所以，不太珍惜的，就容易淡忘。而一丁点儿痛苦，却比较在意，认为不应该，非计较不可，耿耿于怀，记恨一辈子。幸福的人知道从记忆中删除、抹去痛苦，只留下些许下不为例的教训，同时，常忆起人世间那份情，那份爱，回味那些既往的美好时刻，心怀感激！

言语

思于大脑，言于小嘴，形于文字。言语取决于思想及其复杂程度。头脑简单肢体发达者只会发出叫声。

有思虑，然后有言语和行动。无思虑无言行。无思亦无虑，无虑亦无忧。所以思虑既是幸福的源泉，也是痛苦的原因。言语只是内心外化的工具。

凡人有生必有死。所谓死而不朽者，诚如古人所说："其身殁矣，其言立于后世，此之谓死而不朽。"（《国语·晋语八》）此外，行为世范，后人称颂，亦可谓不朽。

《国语》是一部很了不起的著作。开国别研究之先河，树记言体史之样榜。尤其难能可贵的是指出"防民之口，甚于防川"。（《周语上》）认为言论可疏不可堵。

小人物的悲剧大多由大人物自己都未必相信和践行的一些说教酿成。陀思妥耶夫斯基《被侮辱与被损害的人》中的尼古拉·谢尔盖伊奇是其中一个。

《前七国志》充斥相术、巫术、占星术、隐身术、分身术等荒诞不经的故事，然其扶正祛邪、惩恶劝善之大旨不差。

语言文字是言语区域性、民族性标识，是人们交流交往的产物。随着中外持续交往，语言在不断融合、吸纳和借用。汉语为英语贡献了许多字词，例如，ramen（拉面、泡面），coolie（苦力），kungfu（功夫），mandarin（满大人、高官、中国人），people mountain people sea（人山人海）等中文字词被英语吸纳。反过来，英语也有不少字词被吸纳到汉语里，让人日用而不觉，如，沙发（sofa），银行卡、门卡、贺卡等（cards），卡通（cartoon），拜拜（byebye），粉丝（fans），等等。久而久之，共同的字句越来越多，以至于双方交往越来越方便、简单。

洋人并不"洋"。有叫小花牛的 Kelly，有叫工头的 Foreman，有叫木桶匠的 Cooper，有叫账单的 Bill，有叫老鹰的 Hawks……崇洋媚外实在没有必要，古今中外，生活相差无几。

英文是由不同介词串起来的短语，是由细及粗由重及轻透露的信息链，是讲时态看语境的单字组合，是发音分轻重说话有节奏的天籁，是由 26 个字母 48 个音标排列的文字语言游戏。

文化上的差异如同中文"乱七八糟"与英文"at sixes and sevens"都是混乱的意思，是用六和七来表达，还是用七和八表达，没有本质区别。又如中文"缘木求鱼"与英文"blood from a stone"都是得不到的意思，打比方的东西不同而已。

有西方人说：Love is the greatest language of all。我理解，这里说的爱，并非情爱，而是中国人说的同情心或者孟子说的恻隐之心。

任何极端思想和绝对观点都是反科学的，违背实事求是原则的。肯定和吹捧它的人非懦弱即专横。

历史、地理、建筑、风俗、科技、肤色和长相等让我们看到世界的差异和差距。文学而且只有文学让我们看到古今中外的人的同一性，亦即吃穿住行、喜怒哀乐。

与众不同并非真的有什么不同，而是因为权力、金钱、名誉、成就使他看上去和别人不一样。事实上，英文有句话说得特别好：All night all cats are grey。

思想

人与动物最大的区别在于人有思想。人与人之间最大的区别，不在长相、高矮、胖瘦、口音、年龄、性别等，而在思想的广度、深度。

思想是行动的先导，命运是行动的结果。怎么想，才会怎么做；怎么做，才会怎么样。伟大人物都是伟大思想的人格化，而坏人小人都是卑鄙龌龊思想的化身。

人的正确思想从哪里来？从实践中来。然而在同一实践活动中，为什么有人思想正确、有人思想错误、有人没有什么思想主见？可见，人与人之间的认识水平和认知能力存在着差别。

古人说的"灵魂""鬼怪"是不存在的。但思想、精神、内心世界是有的，并且，因为肉身存在而存在。所谓神附于形，形毁而神灭也。思想本身的产生过程，与流泪、流汗一样，属于生理反应，是大脑对外界事物做出的物理、化学反应。如果脑膜发炎，大脑皮层出问题，人会变痴变傻。今天人工智能、人机对接等领域的设想和进步，信奉的是彻底的唯物主义。

思想史是一部精神史、认识史、琢磨史。人类关于大自然的认知、思考，进步之大令人吃惊；造福之深有口皆碑。而关于自身的认知、思考，反倒步履维艰，千百年来困扰人们的一些社会问题、个人问题并没有得到很好的解决，人们还没有找到满意的答案。

"遗子千金，不如遗子一经。"白河黄氏修宗祠、立家规，以《黄氏家规》训导族人，筑牢安身立命根基。事实上，"金"是物质基础，"经"是精神食粮。金、经都要，二者并不对立，必选其一。只要合理、合法取得的财富，传承是可以的；教育、启示子孙后代，立言同时立德立功，最终也是让他们过上幸福的日子。所以，遗子千金的金要合理合法；遗子一经的经要洞明练达。

一百个人，有一百种想法。统一思想，是世界上最难做的事。但是，只要告诉人们方向正确，目标高尚，利益均沾，命运共同，思想就自然统一了。

如果说，世界上真有什么东西是"永垂不朽"的，那绝对不是物质的、有形的东西。时间会腐蚀一切，唯有精神例外。作者会因为作品而永生，英雄会因为浩气而长存。

解放思想这个提法真的了不起！千百年来，人们被这样或那样的思想观念束缚着禁锢着，陷入贫穷、落后、愚昧、畏缩等悲惨境遇。解放思想，就是让人们放飞梦想，放开手脚。大胆干、大胆闯。闯出一条生路，干出一番事业！在中国，先秦诸子，明末清初顾炎武、李贽等，近代康梁，现代"五四运动"以及当代改革开放等，都属于思想解放运动。在欧洲，文艺复兴、启蒙运动，也是大的思想解放。

烦躁

烦事在身，烦人在旁，心神不定，躁动不安，谓之烦躁。

凡人都有烦躁的时候。但总是烦躁，不是身体出了毛病，就是精神出了毛病，要治。

青春期烦躁，更年期烦躁，是正常的。生病时烦躁，失意时烦躁，也是正常的。世界上没有无缘无故的烦躁，必须耐心一点，隐忍一点。与烦躁者计较，只会把关系和心情弄得更糟。

古人亦烦躁，后人理解甚至欣赏。有诗词为证："此生谁料，心在天山，身老沧州。"戍边报国之志不能伸展，烦躁！"相思一夜情多少，地角天涯未是长。"有情人不能相见，烦躁！"佳节清明桃李笑，野田荒冢只生愁。"阴阳相隔，生死茫茫，烦躁！"若有知音见采，不辞遍唱阳春。"世无知音，烦躁！"曾经沧海难为水，除却巫山不是云。"见多识广，突然掉进井里，烦躁！"我本将心向明月，奈何明月照沟渠！"怀才不遇，小人当道，烦躁且愤怒！"小楼昨夜又东风，故国不堪回首月明中。"国破山河在，烦躁且悲伤！"抽刀断水水更流，举杯消愁愁更愁。"看不到前途，烦躁！"人世几回伤往事，山形依旧枕寒流。"物是人非，烦躁！"一帘秋雨，满城枫叶，孤枕难眠！"天涯游子，壮志未酬，烦躁！"盛年不重来，一日难再晨。"人生苦短，光阴似箭，一事无成，烦躁！"知我者谓我心忧，不知我者谓我何求。"被人误解，烦躁！"腹心受害诚堪惧，唇齿生忧尚可医。"被人算计，烦躁！"春风又绿江南岸，明月何时照我还。"臣有心君无意，烦躁！"残灯无焰影幢幢，此夕闻君谪九江。"朋友不幸，爱莫能助，烦躁！

烦躁者，自己不快，身边的人也不快。氛围比较紧张、沉闷，没有人喜欢。但是，归根到底，烦躁的原因，除了疾病，还是名利作祟。真正淡泊名利、看透人生、问心无愧、自律自信的人，是不会如此烦躁的。

说教形形色色，宗教五花八门。但它们有共同的目标和特点，那就是，根除烦恼，戒除烦躁，复归宁静：人如处子，心如静水，怡然自得，泰然自若。其基本方法是，无差别：庄子齐物，释氏皆空，基督博爱。因为比较，始有鉴别；因为鉴别，始有烦恼；烦恼不除，烦躁不已！

烦躁，通常是"斗"出来的，和谐社会不会有烦恼，更不会人人烦躁。遗憾的是，自然界也好，人类社会也好，斗争是永恒的。因此，烦恼、烦躁难以避免。可喜的是，公而无私，烦躁可解；自私自利、自作自受，烦躁无解。

斗争

　　协同与斗争是一枚硬币的两面。国际关系、人际关系等人类的世界是这样，动植物世界也是这样。永远的和谐与无休止的斗争都是不可能的。

　　斗争是为了协同，而协同过程中又会出现新的矛盾和问题，需要再斗争，需要更高水平的协同。

　　稍有骨气、底气和志气的人，稍有正义感、使命感和责任感的人，都会主动地或者被迫地参与斗争。懦夫、庸人是让人看不起的；鸵鸟呢，自欺欺人罢了；事不关己、高高挂起的人，是精致的利己主义者。

　　可以与人斗，不可以与人性斗。与人斗或是或非、或强或弱、或成或败；与人性斗必输无疑。因为人性可以抑制，但不可以磨灭。历史上，许多空想主义者和极端主义者失败的原因之一就在于始终不明白这一点。

　　可以在人世间斗，不可以在自然界斗。违反自然规律，后果严重、教训惨痛。在大自然眼里，人是微尘中的微尘。人们只能尊重自然，顺应自然，最多也只是利用自然。

　　人为刀俎，我为鱼肉。在这种情形下，斗争可能丧命。但为了真理和正义，牺牲是必要的、值得的。自古仁人志士均属于这类人。

　　斗争双方实力对比固然重要，但比实力更重要的是人心世道和大势所趋。得道、得人心者，虽弱必强，虽难必胜；不符合大势的一方，虽斗必败，虽争必输，除了叹息、归顺外，毫无办法。

　　斗争得看对象：与敌人斗，你死我活，要有智慧和勇气；与同事斗，适可而止，以团结奋进、合作共赢为目标。与小人斗，在匡正歪风邪气；与君子斗，不是君子有什么过错而是自身犯了毛病。斗争的对象本身是好的善的，与之斗的结果一定是坏的恶的；斗争的对象是坏的恶的，与之斗的结果一定是好的善的。所谓好的坏的善的恶的，划分标准应该是客观的，体现绝大多数人意志的，不能自说自话、一意孤行。

赢得敌人尊重的人，反而可以化敌为友；遭到朋友唾弃的人，一定没有前途。

斗争好不好、值不值得肯定，相当程度上取决于斗争的动机和目的。为公平、正义、民主、独立、平等、自由等公认价值观而斗争的人，虽死犹荣。司马迁说："人固有一死，或重于泰山，或轻于鸿毛。"造福人类的人，永远值得尊敬和纪念。

斗争的艺术和技术或者说斗争本领决定斗争的结果与效果。螳臂当车，自不量力，没有方法和实力的斗争等于送死。恃强凌弱，不得人心，也终究衰败、落寞。斗争讲的是辩证法，信的是唯物主义，遵循的是实事求是、具体情况具体分析等原则，切入口是主要矛盾和矛盾的主要方面，检验的标准是实践。

原教旨主义本质上属于形而上学思维，笃信天不变道亦不变，不知道世间一切都是时间的因变量。原教旨主义也是极端主义的一种表现，以此管人管事，必惹人厌烦！

在一个文明社会，内部斗争的武器应该是法律，道德可以做斗争的辅助工具。除了法律和道德，其他手段都像阴谋和迫害。

斗争始终是手段，不是目的。为斗而斗，毫无意义。斗争的必要性完全取决于斗争目的的合法性、纯洁性和公益性。有人把斗争当饭吃，一天不斗不舒服，没有人让他顺眼，没有事让他满意，这样的人不是私心太重、疑心太重便是精神出了问题。

人是会犯贱的。与仁爱宽厚的人相处，不知道自律、尊重和感恩；碰到严苛冷酷的人，才知道老实、惧怕和嘟囔。这不是犯贱是什么呢？

乐趣

人是要有点乐趣的，哪怕读书求知、写字静心、散步聊天、打球健身、搓麻将娱乐。整日忧心忡忡的人恐怕走不远。

快乐的人生才是幸福的人生，有趣的人生才是有意思的人生。人生无非吃穿住行、喜怒哀乐这八个字。有滋有味有乐趣，是人生的最高境界，当然，奋斗是基础、是前提。

保持童心，摒弃功利主义或者不去过度计较名利，就能发现和享受许多乐趣。孩子们玩沙子，捉迷藏，你追我赶……在成人眼里很无聊的事上，他们却乐不可支，玩得十分开心。

读书、学习似乎很枯燥乏味。然而，善于比较和发现的读者，同样其乐无穷。比如，中文说"乱七八糟"，英文却说"at sixes and sevens"。意思一样，但七和八变成了六和七。

每个人都可以做一个有趣的人。老有老的乐趣，少有少的乐趣；男人有男人的乐趣，女人有女人的乐趣；中国人有中国人的乐趣，外国人有外国人的乐趣。童心不泯，则妙趣横生；达观自信，则忧愁不侵。

有趣的人同时也是人们乐于交往的人。有趣的人，人缘好，人脉广。大多数人的一生是负重前行的一生。有趣的人，让他们放松、高兴。

人要有趣，首先要率真。虚伪的人不仅不招人喜欢，反而让人讨厌。其次要坦荡。藏着掖着的人不可能有趣，也不可能快乐。再次要幽默。同样的事情，一经他描述，便栩栩如生，余味无穷，想象丰富，滑稽可笑。最后要善良。玩笑不伤人，恶搞有底线。

乐趣总是有的。自娱自乐，自得其乐，也是可以做到的。关键是办好自己的事，不羡慕，不妒忌，不怨恨。规规矩矩，不惹麻烦。相信自我，回归自我，尊重自我。听从内心的召唤，做于己有利于人无害的事。

与乐趣相比，金钱、权力、名誉……是没有意义的。因为金钱、权力、名誉本身并非乐趣，也未必能带来乐趣。然而，在这个极为世俗的社会，没有这些东西做支撑，许多乐趣也是得不到的。

乐趣因人而异。宽容的人，以众人的乐趣为乐趣，即使某些人某些乐趣比较低俗，不那么"高雅"。严苛的人，以一己之乐趣为天下人之乐趣，哪怕万马齐喑、整个社会像一潭死水。

厌恶

厌恶：余食赘行，物或恶之。说到厌恶，自然会想到它的反义词：喜欢。就像说到白天会想到黑夜一样。爱之欲其生，恶之欲其死。世界充满矛盾。矛盾的双方对立统一。所谓统一，是指事物以对立面的存在而存在。厌恶亦即不喜欢，很不喜欢！

言不中听，行不中意，损人利己，损公肥私，会令人厌恶。令人厌恶的后果，轻则离心离德，重则揭竿而起。不过，这里讲的"人"，指老百姓。

为国家，为民族，为人民，为公平正义，可能"得罪"利益集团、腐败分子和敌对势力等，也可能遭到他们的"厌恶"。但是，这没有什么可怕的！不得罪他们，就会得罪国家和人民。所以，说到厌恶，还须看对方是敌是友。朋友厌恶，要反思；敌人厌恶，是正常的。

人皆有是非、美丑、好坏之分。是则赞成，美则追求，好则欣赏；非则反对，丑则嫌弃，坏则厌恶。所以，厌恶是一种态度和立场。可惜，是非美丑好坏的标准并不总是公正客观。看错人事、冤枉人事的情形，是有的。

于己有利，当然喜欢；与己不利，自然厌恶。可见，厌恶是主观的，是以自我感受为中心的。圣人、伟大人物与普通人的区别，不在于是否违反或符合这一规律，而在于"己"的范围有所不同。普通人的己，即个人、自己、自身，最多扩大到亲友，是狭隘的；而圣人、伟大人物心中的己，即己方、自己所代表的集体或国家、天下，亦即公。如果他们心中的己也是他自己，是狭隘的己，那么，他们就不会伟大！他们所代表的人也不会长期让他们代表！

日常生活中，人们相互厌恶往往与利益没有多大关系，而与观念冲突、性格相左、话不投机、习惯不同、兴趣迥异、行为不当等有关。例如，夫妻之间利益基本一致，从相识相爱到小吵少闹、相互厌恶，再到破镜难圆、覆水难收就是这样。此外，同学之间、同事之间相互厌恶也是这样。

猎奇之心、喜新厌旧之习，人皆有之。日久生情，情淡生厌。由厌倦厌烦到厌恶，若非道德抑制、法律限制、良知克制，是完全可能的。

人与人之间，既有相思相念之心，亦有相弃相嫌之意。保持距离和克制很重要。再亲，不能侵犯隐私，忘了尊重；再疏，不能没有联系。侵犯隐私，忘了尊重，必遭人厌恶；没有联系，则如同陌路。

令人厌恶的事的确不少：有"面目"可憎的，有令人作"呕"的，有不堪"入耳、入目"的，有唯恐"避之"不及的，有损人不利己的，有横加干预爱管闲事的……但是，要记住：厌恶有度。厌恶的人越多，被人厌恶的概率就越大。还是宽厚、宽容一点好！

恐惧

安全需要是人的基本需要。没有安全，谈不上幸福和快乐。国泰必须民安，民安才能国泰。战争频仍，烧杀掳掠，哪来幸福？朝不保夕，战战兢兢，人为刀俎，我为鱼肉，何谈快乐！

孔子说："苛政猛于虎也。"如果不把权力关进制度的笼子，老百姓的利益不可能有保障，生活也不可能有安全感。朱元璋《大诰》规定："寰中士夫不为君用，诛其身没其家，不为之过。"皇帝完全把臣民当作自己的工具！除了绝对服从，别无选择。臣民没有独立思考和自由行动的权利，没有个人追求和爱好。高启等人的悲剧，是朱元璋恐怖统治的一个缩影。

自然灾难、疾病、"鬼怪"、凶猛动物等都能给人带来伤害，让人产生恐惧。但只有人给人带来的不安全感、恐惧感才最深沉、最可怕、最令人无奈。生活在一个恐怖年代，一个不安全的社会，一个人欺负人的国家，人的不幸甚于饥饿。没有人整天担心地震海啸、疾病痛苦、妖魔鬼怪、狮子老虎，但的确有很多人时刻在提防同僚同事、左邻右舍！

一个民族，一个国家，是不是有安全感，从其老百姓的外表即可看出：神情严肃，行为拘谨，顾虑多，说明安全感缺失；相反，神情放松，憨态可掬，顾虑少，安全感较强。

确定性、透明度与恐惧感此消彼长或者说成反比例关系。法律是很严肃的事，不能随便更改。法律不完善或者如同儿戏，则社会不确定性增加，人们无所适从，因此，恐惧感增加；法律透明度不足，则暗箱操作盛行，人们内心势必惶恐不安。所以，民主法治十分重要。民主，即人民当家做主，透明度高；法治，即可预见，确定性强。一切清清楚楚，明明白白，恐惧感自然没有了。

封建时代，随意抓捕和定罪处罚，腹诽，因言获罪或文字狱，诬陷和告密，莫须有，党争，屠戮，等等，造成人人自危，普遍缺乏安全感，乃至于平安这个人间的基本需求，变成了奢望、祈求和祝福！这是封建时代最大的悲哀！

人皆有恐惧心理。即使欺负人的人，强势的人，好斗的人，也担心被欺负的人、被逼急的人、暂时失败的人反抗和报复。历史地看，制造恐怖的人，如暴君、佞臣，自身也没有安全感，也常处于担惊受怕状态。善有善报，恶有恶报。不是不报，时候未到。担心、害怕、忧虑，是恐惧的共同表现。

同样的环境，同样的事，不同的人的恐惧感不一样。胆小的、善良的、软弱的、窝囊的、没有背景的人，恐惧感会更强烈。惴惴不安，忐忑不定，多半因为安全感缺失：或受到威胁恐吓进退维谷，或担心恶行暴露法纪惩处，或害怕声誉扫地不好做人，或落得失道寡助四面楚歌，或应对无方能力不足。

法律是最大的靠山，道德是最好的朋友，自律是最大的护身符。要真正消除恐惧感，清除恐惧心理，必须自始至终循规蹈矩，与人为善，慎独慎微。

压抑

　　压抑是一种氛围，一种感觉。像呼吸困难似的，像气压低闷得慌似的。人们彼此设防，从不推心置腹。既不能自由表达意见，也没有人耐心倾听。人们普遍担心、恐惧、烦恼、焦虑。听不到开怀大笑，看不到兴高采烈。黑云压城，如丧考妣！

　　压抑的形式多种多样。有意见不能表达，压抑；有想法不能宣传，压抑；有才能不能施展，压抑；有性欲不能满足，压抑；有冤屈不能申诉，压抑；说可以而实际不可以，压抑；摧眉折腰，压抑；碰到强势乃至蛮横无理的人，压抑；遇上无德无能的领导，压抑……总之，郁闷，不开心，一时还没有办法。

　　鲁迅《无题》："万家墨面没蒿莱，敢有歌吟动地哀。心事浩茫连广宇，于无声处听惊雷。"鲁迅的时代是压抑的：民生痛苦，经济萧条，社会动荡，普遍期求新的变革！

　　没有人喜欢压抑。但外部环境恶劣，容易产生压抑。人是一根会思考的芦苇。"百花齐放，百家争鸣"只是一种理想状态，"民主集中"可以说是一种好的工作方法。既调动一切可以调动的力量，真正集思广益，群策群力；又不至于议而不决，决而不行，处于无政府状态，无组织无纪律状态。既不搞一言堂，造成压抑；也不搞言不及义，一盘散沙，放任自流。一切美好的想法和追求，都受到尊重。同时，任何坏人坏事，都受到压制抑制。

　　存在压抑有时是难免的。不是每个人每个想法都可以畅通无阻。好人、善念，应该得到理解和支持。如果他们也感到压抑，那要反思、松绑；相反，坏人、恶念受到压制、抑制，是理所当然的、没有问题的。不压制他们、抑制他们，行吗？不过，不能扩大化，要把握好分寸。不分好坏，让整个单位或多数人感到压抑，不吭声、不作为，这就有点过头了。

一个人感到压抑，最好的办法是换一个环境。如果到哪都感到压抑，那就要自我反思了：是不是想法太多？是不是过于理想化？还是社会、时代出了问题？

圣人是一种理想人格。可以学习，不可以强求。司马迁说"高山仰止，景行行止，虽不能至，然心向往之"是明智的。圣人可以向往之，但不能当作模板去套每一个人。如果按圣人的标准要求每一个凡夫俗子，势必造成多数人压抑。

压抑久了，或忧郁、变态，或爆发、攻击。显然，走极端不好。内心压抑需要释放。第一，找人沟通、交流。第二，运动释放。第三，旅游，海阔天空。第四，读书，想明白，弄清楚。人生一世，草木一秋。健康快乐最重要，亲情友情最重要，尽力而为知止不耻最重要。

压抑的社会，是表面的风平浪静，实际暗流涌动，外强中干，十分危险；开放的时代，是表面的混乱，实际透明可控，百姓身心强健，没有暗伤和隐患。可惜，比如清王朝——"九州生气恃风雷，万马齐喑究可哀。"那些浅薄而又狭隘固执，心虚而又无能自负的权贵们陶醉于表面，顽固不化，最终被革命党彻底推翻。

仇恨

问世间恨为何物，直教人千刀万剐、咬牙切齿。

为爱而死的人很少。问世间情为何物？直教人生死相许！这样的人有，但很少。多数情况下是曹雪芹描述的："昨日黄土陇头送白骨，今宵红灯帐底卧鸳鸯。"或者如泰戈尔说的，遇见一次"最大的烦恼"（泰戈尔：《游思集·Ⅱ·27》）。相反，因仇恨而置人于死地的家伙很多，足见世间爱浅恨深、爱少恨多、爱难恨易。

俗话说："人要脸，树要皮。人怕伤心，树怕剥皮。"丢脸和伤心最要命，因此而产生的仇恨一定是深仇大恨。

父仇子报是一方面，斩草除根是另一方面。双方都可以理解而又都不可以理解：冤冤相报何时了？仇恨应该适时、适当了结。尽管和解比报仇更难，狭隘与宽容不可相提并论同日而语。

君子报仇，十年不晚。君子者，明智之士也。若时机不到实力不足，报仇等于以卵击石自取其辱。

客观世界是真实的、外在的、无偏见的、不以个人意志为转移的；主观世界是内在的、因人而异的、丰富多彩且可自我设计和把控的。因此，悲与欢、爱与恨主要靠自我调节，爱心可以多一点，恨意可以少一些。

仇恨是普遍存在的。一句难听的话，一个轻浮的动作，一场失败的比赛、斗殴、战争，一次不公平的对待……都可能产生仇恨。相对而言，爱是一时的、可变的，恨是终生的、不变的。要说"忠贞不渝"，仇人远胜爱人。移情别恋很容易，相逢一笑泯恩仇却很难。

小人物的仇恨一般限于心里默默诅咒，嘴上骂骂咧咧，至多动手动脚，最后与仇人同归于尽。大人物的仇恨截然不同，他们手里有枪杆子刀把子，有权力，有组织，仇恨像插上翅膀，飞到哪里哪里便是灾难。所谓天子之怒，浮尸百万，流血千里。

羡慕嫉妒恨，是人类情感变化规律之一，是情感由正而负的典型例子。成功者并没有过错，但他客观上造成了关注者的挫败感。

千夫所指，没有好下场。王莽这个人史书上的名声不太好，这当然与历史编纂者的功利和偏见——成王败寇、成俊败丑的逻辑有关，因为他最终被杀了；也与他执政时动了既得利益者太多奶酪，得罪权贵和普通人太多从而招致仇恨太深有关。例如，废奴，平均地权，盐铁酒等重要物资政府专营，官俸多少与农业丰歉挂钩，频繁变更币制等。

怨恨

怨恨，是一种负面情绪，容易导致周边关系紧张，谁也不愿意与一个总是莫名其妙怨天尤人的人在一起！所以，要像清理垃圾一样，把它从心里清理掉。

人贵有自知之明。总是怨恨别人的人，缺的是自知之明。他总能找到别人的不足而看不到自己的问题所在；总能放大自己的委屈而毫不顾忌别人的感受；总能夸大自己的付出而不肯对别人奉献和宽容给予哪怕一点点的正面肯定。

一辈子都没有怨恨过别人的人是没有的。换句话说，偶尔表达怨恨是可以理解的。因为谁都有做得不对、做得不好的时候，特别是客观原因导致的某些令人怨恨的情形。例如，因为堵车而迟到；因为求学、生计而别离；因为无能而穷困；因为没有机会而走投无路等。

由怨而恨，是一个过程，应该及时阻止、化解，怨极则恨；怨是一股气，名曰怨气，应该及时解释、稀释，久积必怒。人在仇恨和愤怒的状态下，什么事都做得出来。

古代有关怨恨的诗词不少。怨恨的东西不一样，诗词的格调不一样。最可笑的，是读书人功名利禄心切，同时又自视清高，常借怨妇嘴，表达怀才不遇之恨。

中国人对怨恨的观察和琢磨是相当细致和深入的。以成语为例：报怨雪耻，讲报复，所以少结怨；杯酒解怨，讲方法，饮酒消怨；不存芥蒂，讲怨恨宜解不宜结；藏怒宿怨，则有可能走极端；缠绵幽怨，萦绕在内心的怨恨，不好；盗怨主人，没良心呵；以德报怨，用恩德来回报怨恨，该提倡；妒贤嫉能，对品德才能比自己强的人心怀怨恨，要不得；多藏厚亡，守财奴容易招怨恨从而招更大损失；恩甚怨生，符合辩证法；负诟忍尤，或者，敢怨而不敢言，有限度；构怨伤化，提醒政客的话；国恨家仇，是不共戴天的；含恨九泉，死了都在怨恨，够受伤了；含冤抱恨，的确不公平；恨入心髓，被恨的人要小心；积愤不泯，怨恨不会自动消除；尽释前嫌，把以前的怨恨丢开，应该如此，团结一致向前看；敛怨求媚，提醒税务官；民怨沸腾，当政者该反思；人怨天怒，感应报应；申冤吐气，值得庆祝；市恩嫁怨，而不是市怨结祸，是一个办法；往日无仇，近日无怨，算一种境界；熏风解愠，态度很重要；睚眦杀人，太狭隘、骄横；以直报怨，有胸怀；勇动多怨，鲁莽妄动不可以；怨府祸梯，资怨助祸，这样的事例太多了。

贪婪

欲望不制，失之贪婪；取而无道，谓之贪腐。

欲望无穷，而人生苦短。自寻烦恼，徒为天下人笑。有诗为证：

终日奔忙只为饥，才得饮食又思衣。

置下绫罗身上穿，抬头又嫌堂屋卑。

建成高楼并大院，床前却少美貌妻。

娇妻嫩妾娶一打，又愁出门无马骑。

花钱买下汗血马，马前马后少跟随。

家丁门人数十个，有钱没势遭人欺。

一铨铨到知县令，又说官小不得志。

再攀攀到阁老位，野心膨胀欲登基。

他日南面坐天下，又想神仙来下棋。

洞宾与他把棋下，又问哪是上天梯。

上天梯子未及备，阎王发牌鬼来催。

若非此人大限到，上到天上犹嫌低。

欲望与追求不同。欲望基于虚荣心，自我利己，遭人唾弃；追求基于理想，造福社会，专门利人，受人尊重。人的一生要有追求，生命不息，奋斗不止；而欲望必须克制，放纵者必受其害。

权力与腐败连在一起，是大概率事件。但不是绝对的、必然的、百分之百的。否则，无法解释清官廉吏，无法解释法治政府。不分青红皂白地仇官是错误的、不正常的，一定存在误导和误解。

机会与腐败连在一起是可能的，尽管不是绝对的。良民毕竟是大多数。但毋庸置疑，所有职业腐败、岗位腐败，例如，停车场收费员，车主要凭证收 10 元，不要凭证收 5 元，类似贪腐行为并非权力作祟，而是机会所赐，监控缺失、操作漏洞所致。"老百姓"并非想当然地清廉自律，本能地拒腐防变，天生地具有免疫力。如果"三观"不正，只要有机会，同样贪腐，甚至比官员更无底线。

贪婪是腐败的基因和性格特征。淡泊、知足、达观的人不可能腐败。

贪婪的人，信心不足，内心软弱，意志力差。他们靠外在的、物质的东西支撑，对未来和社会心存疑虑，实鼠辈蚁类。

贪婪是一种普遍心理，区别在程度、在机会、在大小、在明暗、在行动与否。幼儿园的孩子、行将就木的老人，都有这种心理。抑制这种心理，防止走向行动，一靠主观自觉，即道德与理智力量，不想；二靠客观约束，法纪惩戒，不敢；三靠制度防范，内部制衡，不能。

贪婪注定不幸。旧的需要满足了，新的需要又产生了。无穷无尽，没完没了。最后，精疲力竭，像夸父追日。贪婪的人总是不满足，总是不满意，"昨怜破袄寒，今嫌紫蟒长"，怎么能快乐呢？

贪婪，不仅是不幸的，而且是危险的。人为财死，鸟为食亡，这样的例子太多了；《红楼梦》中讲，"因嫌纱帽小，致使锁枷杠"。这样例子也不胜枚举！知足常乐、知止不耻，绝非假话、大话、空话、套话！

贪婪的目的，是拥有更多的财物。事实上，哪里是人拥有财物，是财物拥有不同的主人而已。因此，贪婪的人，相当于仓库保管员，糊涂之至！至于必需品易耗品，因为基本的生存需要有限，日食三顿，夜眠一室，多余实属无用且成负担。

忍耐

没有人敢说自己从不忍耐、从未忍耐。正像没有人敢说自己从未犯错、从无错误一样。忍耐，是人生的一部分。

小不忍则乱大谋。这话没错。但前提是有"大谋"在进行中，担心小不忍机会成本太高。而老百姓一向无啥大谋，故日常生活中，口角不止，纠纷不断，不愿忍、不会忍。《增广贤文》说："忍得一时之气，免得百日之忧。近来学得乌龟法，得缩头时且缩头。"奉劝的就是这些人。

忍，应该是自然的、自愿的、理性的。如果内心不服，装忍，那是"伪善""阴险"的表现。历史上，一波人弄掉另一波人，或者躲在一边伺机报复者，即如此。

是可忍，孰不可忍？一般指的是在原则问题上，涉及核心利益、根本荣誉，不退让、不宽容！例如，贪污腐败，涉及组织生死存亡，零容忍。

小事、小节，应该忍耐。因为忍耐比发脾气、计较、激化矛盾，更有利于和谐相处、共同奋斗。谚语云："忍一时风平浪静，退一步海阔天空。"

忍耐，一般发生在并不存在根本利益冲突的人之间或事情上。当对方要你的命的时候，唯有以死抗争。敢于斗争，善于斗争。俗话说："打得一拳开，免得百拳来。"同胞、同事、朋友、家人之间的矛盾属内部矛盾，不存在核心利益冲突，不至于你死我活，所以，需要忍耐。当矛盾演变为敌我性质，进入不可调和状态，忍耐即无异于投降甚至自我毁灭。

动辄生气和一律容忍是两种极端做法，都是不可取的。不管是非、对错，不讲原则，像个受气包，或者像某些宗教提倡的那样绝对宽容、一律忍让，是不行的。反过来，动辄生气，斤斤计较，没完没了，也不对。

度的把握，既看场合、情景，也看智慧、修养。只有高手，才能把握好分寸。

安徽的"六尺巷"，是邻居间理解、退让，最后于双方都有益的典范。卢梭说：忍耐是痛的，但是它的结果是甜蜜的。斗气，斗的是面子和虚荣，伤的是情感和身体。世界是矛盾的，矛盾是可以化解的。

忍耐是真是假，要看背后实力。无实力者，忍耐乃无奈之举、明智之举。卧薪尝胆者，权宜之策也，真忍耐，不拿鸡蛋碰石头。有实力而忍耐着，有意为之，是假忍。小心报复起来，毁灭挑衅者。知己知彼，百战不殆。忍耐是有原因的。随着实力消长，忍耐与任性会发生改变。

在追求成功的路上，忍耐是必须的、必然的、经常的。忍受穷困，守住清廉，耐住寂寞，经住诱惑；受得了嘲讽，顶得住压力，甚至疾病、陷害等打击。这些忍耐，反应的是人的坚强的品质和不屈的性格。而坚强和不屈，是成功者的基本素质。

游弋人海

枯燥

　　枯燥，是相对于有趣而言的。有趣的人，人见人爱，包括那些自身十分枯燥的人。人生，多半在负重而行，能让大家偶尔放松、开心的人自然受欢迎。

　　通常，一本正经的人，待人严苛的人，苦大仇深的人，没有癖好的人，斤斤计较的人，心事重重的人，性格内向的人，缺乏幽默的人，过于敏感的人，郁郁寡欢的人，城府很深的人……也是无趣的人，而且不可交，交不了。明人张岱在《陶庵梦忆》中写道："人无癖不可与交，以其无深情也。人无疵不可与交，以其无真气也。"

　　与一个枯燥的人生活在一起，很不幸，活着而已；听一场枯燥的报告，很无奈，昏昏欲睡；读一本枯燥的书，很无聊，味同嚼蜡；参加一次枯燥的活动，很无趣，浪费生命！

　　枯燥，也叫没意思。枯燥是现象。本质上，是能力不足、信心缺失、智慧不够。真正有本事的人，举重若轻，化繁为简。

　　"谈笑间，樯橹灰飞烟灭。"没有那么沉重、沉闷。

　　摆脱枯燥并不难。一个形象的比喻，一个滑稽的动作，一句幽默的话……即可。然而，枯燥亦非绝对的坏。枯燥可能意味着安分守己，没啥爱好，矩步方行。无论如何，枯燥的人总比不靠谱的人好。

　　偷着乐的人，一般都是些伪君子、两面派，自私虚伪。面上正经乃至于极端枯燥，背地里却放纵自己。

　　枯燥的人，往往理智有余，激情不足；知识面较窄，话题或注意力过于集中，像一头倔驴；对身边事物缺乏兴趣，既没有丰富的想象力，也没有形象的表达能力。不知夸张、玩笑、比喻、形容、诙谐、幽默等为何物。

人的一生，大部分时间是枯燥的。起早摸黑，按部就班，日复一日。吃穿住行，养儿育女，一代又一代。正像《再回首》的歌词："曾经在幽幽暗暗反反复复中追问，才知道平平淡淡从从容容是最真。"

生活枯燥抑或有趣，没有客观标准，纯属主观感受，自己心里最清楚。热爱生活的人，满眼都是有趣的人、有趣的事。厌世的人，看什么都没意思！随着年龄增长，健康状况恶化，变得越来越悲观厌世，从而越来越枯燥，老朽者也。

一个人有趣抑或枯燥，自己清楚，亲友同事更清楚。做一个有趣而不是枯燥的人，需要天赋、见识、智慧、坦诚、友善、气度等。可以肯定，有趣的人比枯燥的人更受欢迎！他们的路越走越宽！

炫耀

炫耀之心，人皆有之，自古有之。或多或少，有意无意。衣锦还乡，炫耀也；衣锦夜行，似乎可惜了！

与朋友分享成功的喜悦，并非炫耀。分享让人高兴、骄傲，令人尊重，催人奋进。炫耀意在比较和显摆，让人沮丧、自卑，容易造成羡慕嫉妒恨！

炫耀是浅薄的。一切仅靠外在的、物质的东西支撑的内心不会强大和持久，虚张声势而已。

炫耀与羡慕同在。没有羡慕，炫耀是没有市场的。人各有所长，事各有千秋。优势、好处、长处等，不会集中在一个人身上，没有什么好炫耀的，也没有什么好羡慕的。宁静淡泊，爱我所爱，高人也。

炫耀是危险的。炫耀可能引起妒忌，甚至仇恨。炫耀基于炫耀者的虚荣心，给周边人带来不安，引起物议、妒忌乃至仇恨。炫耀迟早引火烧身，因此，是危险的。

炫耀与展示不同。美丽的城市、漂亮的建筑、伟大的工程、杰出的画作、高科技商品……是人们智慧、劳动和生活态度的展示，这不是炫耀。对此，要鼓励，而不是压制。炫耀暴露的是虚荣心和自卑感，而展示彰显的是进取心和成就感。

军事演习，有备战的意思在内，也有耀武扬威、震慑对手的意思在内。备战，可以理解；吓唬对手，要看争端双方，谁与正义同在。正义是吓不倒、打不败的。

真正有本事的人，是不屑于炫耀的。是金子总会发光。老子、庄子、孔子等人生前都感叹知音少，他们最终成为中国传统文化的代表人物，获得人们的广泛认可，他们的思想也在世界范围内传播。一些科学家、工程师，因为有本事，处处受人青睐。

真正见过世面的人，是不会炫耀的。有诗为证：曾经沧海难为水，除却巫山不是云。见过世面的人往往更谦虚、更低调。因为他们知道，天有多高，地有多厚，自己几斤几两。动辄炫耀，是要闹笑话的。

谨慎

谨慎，即谨言慎行，谨小慎微，如履薄冰。谨慎的最高境界是：言为人师，行为世范；底线是：不害人，不害己。

谨言，不是不说话，而是不胡言乱语。言必有根据，不造谣、不传谣、不诬陷诽谤他人。言必实，不妄议、不虚言，不说假话套话空话。表扬人发自内心，批评人注意场合。慎行，不是不作为，而是不乱作为。不为官不正、为富不仁、为老不尊、为子不孝、为师不严、为友不忠、为学不勤等。在法律和道德的框架内谨慎与充分表达意见，这与担当作为并不矛盾。背靠法律，与德为邻，时时处处自律，安分守己，没有什么可怕的。古人说："为人莫做亏心事，半夜敲门心不惊。"

言语是交流的工具，也是伤害、攻击的武器。一般人都会对别人的话敏感。"良言一句三冬暖，恶语伤人六月寒。"所以，良好的人际关系和氛围营造，谨言，说话过脑子，是绝对必要的。

言多必失，沉默是金，不会说话不如不说、少说；一言九鼎，一诺千金。言必行，行必果。轻诺必寡信，一言既出驷马难追。诺言不可轻许，恶语不可相向。

行为是思想的外化，意识是存在的内应。人间一切都是行为的结果。而结果有好坏之分、利弊之别。趋利避害，天下为公，是行为的根本遵循。因此，慎行，即谋定而后动，三思而后行，同时，在行动过程中，实事求是，随机应变，具体情况具体分析。

东汉刘秀把帝业国务视作"鸿业"，若涉春冰，须杖而行，充分说明他十分的勤勉尽责，小心谨慎。其实，大到治国理政，小到为人处事，谨言慎行都是必须的、重要的。

在一个人身和财产安全都得不到保障的社会里，容易谨慎过度，乃至达到病态的程度。每个人都像患了精神分裂症、孤独症。人与人之间完全没有信任，彼此怀疑、提防、告发。谨慎成了内心恐惧的表现形式，成了生存的方式方法。

在公开场合，由于社会约束、舆论监督的存在，为所欲为不太可能。所以，谨慎的实质是慎独，即在没有监督的情形下，自律或自我约束。面上谨小慎微，背地里放纵自己甚至违法乱纪，是"两面人""伪君子"的做派，迟早要出事。

俗话说，艺高人胆大。看清本质，掌握规律，大刀阔斧是可能的、可以的。因此，过度谨慎，在某些场合，是没有把握、没有底气的表现。

成见

因一二事而固化了的见解，叫成见。广泛流传、普遍信奉而实际未必正确的观点，也可以叫成见。

成见，往往同时是偏见，负面居多。以偏概全，固定不变。所以，是形而上学的表现，不符合辩证思维。一个人生活在成见里，等于生活在过去的经验世界，生活在历史的阴影里。没有成见的人生，会更加宽容、从容。

成见与隔阂可以相互强化：隔阂越深，成见越深；同样，成见越深，隔阂越深。隔阂不除，成见不去；成见不去，隔阂不消。成见和隔阂就像眼中钉肉中刺，让人不舒服、不愉快！生活不应该有成见和偏见，实事求是最好，尽管这很难。

人际有了成见，彼此关系难以为继；国际有了成见，外交基础不牢、交往别扭，提防心重，容易放大或缩小实际情形。而一旦放大或缩小，客观和公正就谈不上了，极端心理有了可乘之机。

一般成见都有情绪在内，有赌气的成分。要抛弃成见，首先要平心静气、开诚布公；其次要共同努力、主动沟通与相互理解。要重塑自己形象，重拾他人信任。当然，这样做并不容易。事实证明，难相处的人怎么都难相处。改变自己和改变别人同样困难。唯有忘却，敬而远之。

有了成见并不可怕。可怕的是，一而再，再而三，成见被不断强化。那些可恶可恨的人留给别人的印象，就是这么被不断加固直至变成解不开的死结。

定论、定理不是成见。定论基于基本事实，符合法律法规和道德标准。定理基于实验和逻辑，符合自然规律。定论和定理经得起时间和实践的考验。而成见做不到这一点，它可能改变和消除，也应该改变或消除。区分很重要，既不能将盖棺定论的、公认的东西说成是成见予以蔑视，也不能将真正的成见说成是定论公理广泛传播。

改变或消除成见并不容易。两方面原因：一方面，人皆固执己见；另一方面，一个人的对外形象源于其性格，而本性难移。成见的形成，犹如三尺之冰，非一日之寒。

成见的形成，与外部环境分不开。比如，成长在一个充满恐惧的环境的人，要么因此壮大了胆，觉得什么都见过，都经历过，没有什么可怕的；要么吓破了胆，从此对社会、对人没有一点信任感，像患上精神分裂症似的。

误会

误会，即错误的领会。生活中，误会无处不在、无时不有。有时还十分有趣。

昨晚出去散步，看见一个老太太在捡垃圾，后面走来一个美女。我看见前面有个瓶子，想捡起来给老太太，顺便在美女面前表现一下。结果，老太太说："小伙子，这瓶子是我先看到的。"

上厕所时，手机只剩下 6% 的电了。我寻思耗完所有的电再出去。不一会儿，老爸敲门："儿子，好了没有？"我不假思索地回了句："马上，还有 2%。"老爸直嘟囔："熊孩子，读了点书，上个厕所还能精准到百分比了。"

误会难免。误会不要紧，要紧的是及时消除，一笑了之。生活中，大部分误会可以消除。有些因为面子、个性等原因没有及时消除而产生隔阂、怨恨甚至暗斗等严重后果，不好，要注意和防止。

某些场合，某些事，误会双方都不愉快。或生气，或委曲。消除误会的方式方法很多：主动沟通，开诚布公；承认错误，礼让三分；宽容大度，一起划同心圆，求公约数；讲道理，摆事实，让人信服；等等。只要想消除，大多可以消除。

有些误会较深、较复杂，虽一时不能消除，无法解释清楚，但实践是检验真理的唯一标准，时间能说明一切。误会的死结一定可以解开。

误会，根源于不信任。例如，母女之间建立在血缘关系上的信任，远远超过婆媳之间的伦理信任，所以，母女之间的误会远远少于婆媳。即使发生了误会，母女间的误会也比婆媳间的误会容易化解。因为信任与否，决定人的思维起点和逻辑路径。不信任，人往坏处想；信任，人往好处想。往坏处想，越想误会越深乃至积怨怀恨；往好处想，越想误会越小乃至身心释然。一个人一旦被列为不可信任的对象，或者被定义为"坏人"，那么，他的一切言行都可能被误解，与他有关无关的事都可能被怀疑、被无端联想。减少误会、防止误会根本的办法是始终如一地做好人，做诚实诚信的人。

定力

　　浮躁、急躁、遇事忙慌，都是人们常见的毛病。克服这些毛病，靠的是定力，即守正持重、不急不躁、冷静、谋定而后动。

　　定力是衡量人的成熟程度的一个重要指标。越成熟的人，定力越足。人生就像一艘船，定力好比压舱石。定力不足，船容易在风浪中侧翻。

　　定力是人们发自内心的沉稳。这种沉稳，建立在自信和正确的判断上，即相信正义的力量，相信自己与正义同在；建立在知己知彼上，了解对方的出牌套路，并深知对方错在哪儿，软肋在哪儿，自己的杀手锏在哪儿。所以，定力是自信和自立的表现。

　　油盐不进，不是定力，是顽固；固执己见，也不是定力，是自负。定力是在集思广益、综合分析、科学判断的基础上积攒起来的。

　　培养定力，是每一个人的终身课题。有了定力，宁静致远才有可能。首先要"正"，身正不怕影子斜。邪不压正，不用惧怕和慌张！其次是"能"，心中有数，遇事不慌。能者没有过不去的坎。再次是"预"，凡事预则立，避免临时抱佛脚。

　　清·郑燮的《竹石》："咬定青山不放松，立根原在破岩中。千磨万击还坚劲，任尔东西南北风。"基础牢固，则定力十足。郑板桥这首诗从文学角度很好地定义了什么是真正的定力，即立场坚定，性格坚韧，不为外物所动，不为风向所惑！

　　吹牛容易，成事难！成事有一个过程，需要有钉钉子精神，需要定力。不能打一枪换一个地方，不能东张西望左顾右盼，不能见异思迁三心二意。成事，必须扑下身子，沉下心去。坚定不移，义无反顾，不达目的不罢休！

历代开国皇帝、中兴之君、有为之士都极有定力。他们坚韧不拔，百折不挠。静如松，行如风。言必行，行必果。一心一意，勇往直前。

兴趣影响定力。没有兴趣，不可能有定力。不喜欢读书的孩子，在书桌前坐不住；不喜欢弹琴的孩子，在琴凳上坐不久。孔子讲："知之者不如好之者，好之者不如乐之者。"兴趣，是最好的导师，也是最大的定力源泉。所谓乐此不疲，乐以忘忧，不知老之将至，乐不思蜀是也。

定力，既是天生的，也是后天培养的；既是性格的一部分，也是修炼的成果之一。

真假

是真、是假，本来很清楚，但往往因为权力、利益、名誉等原因而变得不清不楚。历史上，现实中，真假莫辨的人和事实在太多。

什么都可以做假，常识、逻辑、辩证法、科学技术做不了假。它们是试金石，能戳穿一切虚伪的、虚构的东西。

《红楼梦》讲："假作真时真亦假，无为有处有还无。"是非、黑白、真假一旦颠倒，后果严重：方向不明，言行失准，混乱加剧。

真实、诚信、实事求是，永远是人类的优秀品德。"不说假话，办不成大事"完全是胡说八道，误人子弟，除非对方是敌人。

"说真话吃亏"是某些人的感受。"逢人且说三分话"是《增广贤文》中的句子。应该说这些说法都是值得推敲的。总的看，历史地看，说真话是不会吃亏的。说实话、办实事、求实效有什么不好呢？关键在怎么看。片面看，是实的、真的、对的；全面看，可能是虚的、假的、错的。短期看，是实的、真的、对的；长期看，可能是虚的、假的、错的；个人看，是实的、真的、对的；大家看，可能是虚的、假的，错的。从动机看，是好的、对的；从结果看，可能是坏的、错的。情况相当复杂。如果出于公心，实践检验是真理的唯一标准，相信不仅不会吃亏，还会得到大家的尊重和颂扬。

恭亲王到底长得怎样，一看照片就知道了。然而，何刚德《春明梦录》中讲："恭邸仪表甚伟，颇有隆准之意。"而约翰·汤姆森在《携带相机走遍中国》中却说："他（恭亲王）中等身材，体态清瘦，说实在的，他的外貌并没有像在场的其他内阁大臣那样给我留下那么好的印象。"平心而论，恭亲王的长相就是那个时代一个普通中国男人的长相。这么一看，何刚德在威权时代有恭维之嫌。

说一句实话、办一件实事并不难。难的是一辈子说实话、办一辈子实事，一辈子求真务实。

圣人、完人、贤人，都是塑造出来的。如果说"人无完人，金无足赤"这句话是正确的话，那么这些圣人、完人、贤人很可能就是虚构的人。这些人是万世师表，可向往而不可复制粘贴。

率真，往往意味着身心健康，它是人们幸福的源泉之一。率真的人，过去、现在、未来往往如一，表里一致，心地坦荡，像物品暴露在阳光下，不容易滋生细菌和病毒。

虚伪，是人们痛苦的原因之一。虚伪的人，视人生如戏，活得很累。他要用一个谎言、一次伪善接着一个谎言、一次伪善去掩盖初始的谎言和伪善。而一旦被戳破，他又要经受声誉损失和负面评价带来的痛苦与责备。

成败

　　供求矛盾是永恒的、必然的。有这样的矛盾，就必然有竞赛、竞争甚至战争。竞争的结果，双赢、多赢是最好的，但比较罕见。不成功就成仁，非成功即失败，是多数情况。

　　谁都希望成功。成则王侯败则寇，谁不要面子呢？"生当作人杰，死亦为鬼雄。至今思项羽，不肯过江东！"为啥？输了没面子，愧对江东父老呵。

　　成功者有经验、有教训，以经验为主；失败者，有教训、有经验，以教训为主。失败者也有过喜悦，正像成功者也有过血泪一样，但笑到最后的只有成功者。

　　成败有客观原因，更有主观原因。毛泽东说过："我要优势和主动，敌人也要这个，从这点上看，战争就是两军指挥员以军力财力等物质基础作地盘，互争优势和主动的主观能力的竞赛。竞赛结果，有胜有败，除了客观物质条件的比较外，胜者必由于主观指挥的正确，败者必由于主观指挥的错误。""战争是力量的竞赛，但力量在战争过程中变化其原来的形态。在这里，主观的努力，多打胜仗，少犯错误，是决定的因素。客观因素具备着这种变化的可能性，但实现这种可能性，就需要正确的方针和主观的努力。这时候，主观作用是决定的了。"（《毛泽东选集》第2卷，1991）金冲及先生的《决战：毛泽东和蒋介石是如何应对三大战役的》一书清晰地告诉我们：蒋介石的理念、性格、能力、方式方法等，都不是毛泽东的对手。作为各自军队的统帅，两人的分析判断能力、指挥水平、亲和力等，存在天壤之别。

　　成功没有固定模式，但有规律可循。识时务的、为公众的、勤奋的、能干的、做足准备的、调研的、民主的、自律的、谦虚的、合群的、专心的……比较容易成功。相反，反动的、自私的、懒惰的、平庸的、临时抱佛脚的、主观的、独裁的、任性的、自负的、孤僻的、三心二意的……容易失败。成功的前提是立志高远，关键是不断进取、矢志不渝，忌讳是没有耐心和毅力。

俗话说，七十二行，行行出状元。各行各业既有非常优秀的少数人，更有平凡的多数人。"状元"都是某个领域的成功者，但他们之间是不能比较的，正像商品的使用价值大小不能比较一样。一般地说，相对简单的领域靠勤奋、体力可以成功，相对复杂领域除了勤奋还要靠天资或智力。至于体育、艺术领域，真的需要天赋，不是靠勤奋或小聪明就能成功的。

在成功的道路上，依靠出身和运气实现富足与自由的人是有的。但这种成功并不稳靠，是小概率，也不可复制。况且，败家子有的是，运气也不总是降临在自己头上，倒霉的概率同样存在。喻颖正先生的《人生算法》主张"用概率思维做好决策"，即针对人们更现实、更短视、更保守的现状，解放思想，拓宽思路，鼓励人们权衡各种可能性及其利弊，确定成功概率最高的方向和目标前进。不过，概率准确与否是个大问题，风险偏好也因人而异，出了风险后应对能力的差别很大。总之，用概率思维做好决策是很难的。瓮中捉鳖，十拿九稳，这样的人不可能，也不屑于用概率思维。他们宁愿失去成功的机会，也不愿意冒失败的风险。

输赢

竞争与合作，是对立统一规律的表现形式之一。只要存在竞争，就存在输赢，不管采取什么方式：战争、体育比赛、民主选举、考试考核，等等。输赢的统一性表现在，没有输就没有赢，没有赢就没有输，输赢在一定条件下，可以互相转化。赢中有输，输中有赢。杀敌一千，自损八百。虽然赢了别人，自己也损失不少。历史上，先赢了后输了，先输了后赢了；前几次赢了，最后一次输了；这次赢了，下一次输了；这方面赢了，那方面输了……类似例子不少。

输赢本身并不可怕，可怕的是把输赢看得太重，或者不能不把输赢看得很重。例如，战争，涉及人的生死存亡、国家前途和命运，必须全力以赴去争取胜利，至少打个平手。

日常工作、生活，竞争无处不在。因此，输赢司空见惯。赢的人高兴、输的人悲伤，也可以理解。毕竟谁都不愿意做别人的手下败将。

每个人都有自己的长处，也有自己的短板。田忌赛马是一种策略。严格说来，拿自己的长处和别人的短处比，是不对的。在拳击、举重等运动赛事中，有量级划分，比较公平合理。所以，输赢也要看设定的条件是否公平合理。天生万物，寸有所长，尺有所短。扬长避短，人尽其才。用一把尺子量到底，一个标准论人，是反科学的做法。刘邦有段话，说得很有道理："夫运筹策帷帐之中，决胜于千里之外，吾不如子房。镇国家，抚百姓，给馈饷，不绝粮道，吾不如萧何。连百万之军，战必胜，攻必取，吾不如韩信。此三者，皆人杰也，吾能用之，此吾所以取天下也。"

人生没有绝对的赢家，也没有绝对的输家。有输有赢才是真正的人生。输，不如人，自然难受，不高兴、不满意；赢，比人强，自然高兴甚至骄傲。人的一生，必须全面辩证看待。不要指望什么都比别人强，什么好处都落在自己头上，所有的坏处都给别人，这不符合事实和逻辑。有些方面自己处于优势地位，要怀感恩之心，更加谦虚、低调；有些方面自己处于劣势状态，要敢于承认，泰然处之，不自暴自弃，更不羡慕妒忌恨，不走极端。

历史上，社会上，有人输得起，有人输不起。输得起的人，往往最后成为赢家；输不起的人，往往笑不到最后。输得起的人，善于总结：理想还在，信念还在，办法还有。他们会重整旗鼓，卷土重来，不达目的不罢休。输不起的人，过去的成功让他们骄傲，曾经的胜利让他们自负。而骄傲和自负是失败的亲生父母。

好坏

　　好坏是相对的。因此，两人以上，试之以事，随时随地可以分出好坏来。

　　好坏是辩证的。不存在绝对的好，也不存在绝对的坏。往往是好中有坏，坏中有好。

　　怎么好，可以预见。例如，视同己出，情同手足，等等。怎么坏，难以想象。大多数被害人生前并不知道死亡这一严重后果。所以，汉语有罪恶滔天的说法，有罄竹难书的说法。

　　极好和极坏的人都是极少数。大多数人，你对他好，他对你好；你对他坏，他对你坏。一个正常社会，好坏一定呈正态分布。

　　一个人做点好事并不难，难的是一辈子做好事，不做坏事。这话是有一定道理的。但细想一下：一个人一辈子做好事，是不是说明他就是本性善良？不是装的、刻意的、表演给人看的、偶然的？反过来说，对于本性善良的人，一辈子做好事是不是自然而然，就像每天吃饭睡觉一样，不觉得难呢？

　　非自然的好，叫伪善；非故意的坏，叫过失。伪善者，居心叵测；过失者，情有可原。

　　一般讲，好坏限于道德领域。坏，即缺德。触犯法律，不只是坏，准确地说，是犯罪。光谴责是不够的，必须予以惩罚。

　　好和坏不是一成不变的，在一定条件下，二者可以互相转化。马克思主义认为，人的本性是社会关系的总和，无所谓性本善与性本恶。儒家认为人天生是好的，后来变坏是因为教育没跟上；法家认为人天生是坏的，严刑酷法才能防止和抑制其本性发作。这两种观点都太绝对了。好坏有条件，有原因，不存在无缘无故的好与无缘无故的坏！

同一群人，在同等条件、同样环境下，仍有好坏之分。这说明，好坏与人的三观有关。改造人的主观世界，教育和引导人，惩恶扬善，仍然是重要的和必要的。强调好坏的客观原因，并不排除主观因素。反之亦然。

好与坏的标准既有主观性，更有客观性。每个人都会从于己是否有利以及感觉是否良好的角度评价别人的好与坏。这是主观的表现。另外，好与坏也存在客观标准。比如，公序良俗，道德伦理，多数人的口碑，等等。

老好人，按照孔子的说法，不如好人说好、坏人说坏的人！换句话说，好人有是非观。

渺小

任何一个人，在漫长的历史面前，都是一瞬间；在浩瀚的人海里，好比一粟；在无边的宇宙里，与一颗尘埃无异。

承认自己渺小，才会主动谦虚、低调，才不会自我膨胀。知道别人也渺小，一样吃喝拉撒，一样喜怒哀乐，才不会恐高、自贱或盲目崇拜。从这一点上说，平等的意识是从渺小论中演绎出来的。

渺小与伟大是一枚硬币的两面。看得渺小，并不否认伟大，否认英雄。地球上，唯有人类能认识自然、改造自然。董仲舒说："天地之精所以生物者，莫贵于人。"人类是最伟大的。

渺小和伟大，并非天生的、一成不变的。渺小中有伟大，伟大中有渺小。渺小和伟大，在一定条件下，可以互相转换。一个小人物，可因其义举而变得伟大；一个大人物，可因其丑闻而名声扫地，让人鄙视。一个人前半辈子很伟大，后半辈子所作所为也有可能让他走下神坛。

有比较才有鉴别。渺小与伟大，是在比较中产生的。凡人都好面子，都希望自己的一生是伟大的一生，自己从事的工作是伟大的事业。事实上，大多数人的一生是平凡的，大多数的职业是普通的。比上不足，比下有余；比这不足，比那有余。既不渺小，也不伟大。平凡、平淡。明白这一点，人们就能找回平常心，就能平等待人。

历史上，社会上，因为看不到人类及自身渺小的一面，超级自信乃至自负，与天斗，与地斗，与人斗，固执己见，听不进别人意见而头破血流、身败名裂，大有人在。反过来，因为看不到人类及自身伟大的一面，自暴自弃，自怨自艾，碌碌无为，亦不在少数。全面地、系统地、辩证地看待一切，是寻找真理、树立正确的人生观世界观的基本方法。

谎言

出于自我保护或攻击对方的需要，许多动物都会伪装。但只有人类会撒谎。尽管伪装与撒谎，并非泾渭分明。伪装是行动上的撒谎，而撒谎是言语上的伪装。只有人类具备复杂的语言表达能力，所以，撒谎是人类社会特有的现象。

人人都讨厌撒谎，人人又都曾撒谎：有意或无意，善意或恶意，主动或无奈，不必或必须，经常或偶尔。世界上没有绝对的事物和概念，一切都是相对的，有条件的。同样，在分析评价说谎这件事上，也要看动机和后果，看环境和条件。在敌我斗争中，三十六计，大部分是骗术：瞒天过海，声东击西，明修栈道暗度陈仓，空城计，离间计，美人计，苦肉计等，无不在印证"兵不厌诈"这句话。

中国人说，谣言止于智者，事实胜于雄辩。事实不完全这样。斯里兰卡著名的编年史家迈克尔·翁达特杰说："在斯里兰卡，一个精彩讲述的谎言等于一千个事实。"所以，谁拥有话语权，谁控制媒体，谁在宣传，谁在"精彩讲述"，十分关键。羊群效应，从众心理，听风便是雨，跟着感觉走，在乌合之众那儿，大有市场。明辨是非的智者，寻求真相尊重事实的老实人并不多。面对谎言，要敢于驳斥，善于驳斥，让那些居心不良的人和事，原形毕露，身败名裂。

日常生活中，文学作品里，善意的谎言，包含自我牺牲无私奉献精神的谎言，往往最感人。比如，诊断出不治之症后，亲人却瞒着，说是小毛病，没问题。又如，明明饥寒交迫，母亲却忍着，说不饿不冷。这些"谎言"，不仅可以理解，而且催人泪下，体现了大爱。

撒谎本身不是目的，而是手段。目的高尚，手段未必卑鄙。人们讨厌撒谎，说穿了，是讨厌撒谎者的不当动机和邪恶目的。

谎言与实话，欺骗与诚实，是两对矛盾。古人说："橘生淮南则为橘，生于淮北则为枳……水土异也。"水土即环境、条件。说实话，当然好！但只能在内部。对敌对势力说实话、报实情无异于泄密，甚至违法，影响国家安全和利益是绝对不行的。

撒谎背后的原因千奇百怪。但利益最关键。契诃夫的小说《在催眠术表演会上》向读者生动地揭示：假的是如何在金钱面前变成真的。2020年新冠疫情在全球爆发，一些没有道德和国际法底线，贼喊捉贼的国家，栽赃陷害中国，并起诉、索赔，真是荒天下之大唐，可耻之极！

正像某些环境容易滋生细菌病毒一样，封闭、落后、专制、愚昧的社会容易滋生谎言。相反，越开放、自由，越民主、法治，越发达、智慧的社会，谎言越没有市场，越容易被戳穿。所以，撒谎既是个人的品德问题，也是一种社会现象。

撒谎和恐惧盛行的地方，信用和信任一定缺失。"他放心的只有马。"（狄更斯：《双城记》）从这一点上说，幸福的社会一定是诚实而安定的社会。

脸色

    人是复杂的情感动物。据说，英文表达情感的单词有 8000 多个，估计汉语只会多不会少，因为中国古代心术更发达。情感本身是抽象的、隐蔽的、变换的，只能通过言行和脸色观测。

    脸色是无声的语言。像电影默片，但可以看出人的内心活动和情感变化。所谓相术，即根据脸部特点，判断人的经历、状况和大体想法，并提出未来行动的原则性建议。

    如果说，眼睛是心灵的窗口。那么，脸部就是心灵的舞台。一张脸就是一个人的内心世界，脸色即其内心的颜色，包括生理颜色和表情。俗话说，喜怒形于色。只有城府极深的人，才能做到喜怒不形于色。

    中国人对脸色的观察和描述相当的细致和生动。比如，喜，有"喜上眉梢、喜笑颜开"等描述；怒，有"怒目圆睁"等形容；哀和愁，有"愁容满面、愁眉不展"等说法；乐，有"高兴得合不拢嘴"等说法；气，有"鼻子都气歪了，嘴都气歪了"等说法；阴险，有"皮笑肉不笑"等描述。

    脸色，丰富多彩，种类繁多。最好的当然要数和颜悦色、慈眉善目等；最难受的或许是不说话，拉长脸、拉下脸给人看，比吵嘴、打架还伤人、伤感情。

    从医学的角度看，脸色是身体状况的晴雨表。中医讲究望闻切问。望什么？主要是望脸色气色。五脏六腑在体内，但其运行情况和生命力会反映到面部，如，黄、黑、惨白，一定出了毛病。表里一致，内外相连，因此，望脸色，可以知健康。西医重视仪器设备和化验检测结果。好处是比较精准，坏处是简单的、规律性的判断也复杂化了。患者被折腾，费用随之上去。如果中西医结合，不断完善和印证中医的望术，不断总结诊断过程中的规律性认识，对于患者、医疗系统和社会都是有利的。

　　脸，是人的无字名片。不仅可以看出性别、年龄，有时还可以看出籍贯，因为一方水土养一方人。还可以看出身体状况，甚至人的品德好坏。比如，可恶的人，面目狰狞；猥琐的人，贼眉鼠眼。甚至可以看出精神和事业状态，如，落魄的人，一脸茫然；辛苦的人，满脸沧桑；得意的人，红光满面；等等。一张脸可能比身份证和履历表包含的信息量还大、还透明。

阴暗

人类心理，有阳光的一面，也有阴暗的一面。阳光源于公德心，阴暗源于邪念。在人类的心房，阴暗面、阴暗角落是存在的。人与人之间的差别，只有大小的不同，不存在有无的问题。让阳光照进内心，是每个人的毕生修行。

阴暗是抽象的，看不见、摸不着。但人的言行举止和表情表现却是具体的、可视的。如幸灾乐祸这种阴暗心理，既见不得人，也放不到台面上，但可以切身感受到，近距离观察到：当别人成功的时候，妒火中烧；当别人失败、痛苦的时候，暗欢窃喜。其人唯恐天下不乱，唯恐别人不出事。

阴暗心理的存在，是懦弱和无能的表现。正而不足，故邪而有余；明斗不行，故暗害不断。所以，阴暗心理是懦夫心理，是懦弱和和无能的体现。自信、阳光、有能力的人，不需借助于像巫术、诅咒之类的阴暗方式方法。他们愿意竞争，敢于竞争，善于竞争。他们的成功和幸福源于他们自身的奋斗和公平公开的竞争，而不是祈求和依靠别人的痛苦和失败反衬。

阴暗心理并不可怕，可怕的是基于阴暗心理的恶毒行为，如诬告、诽谤、造谣中伤、围猎、构陷、贿赂、折腾、非法获取证据等。所谓人心险恶，不外乎心理阴暗，行为诡异。

以小人之心，度君子之腹。这是日常工作和生活中常见的现象。这里讲的"小人之心"即阴暗心理的一种。在没有根据的情况下，臆测他人，怀疑他人，攻击他人。

阴暗的地方容易滋生细菌和病毒。同样，阴暗心理是坏人坏事滋生的温床。大自然的五颜六色是不同物质在阳光作用下不同的反应。在人类社会，同样的事，不同的人有不同的看法。阴暗心理严重的人，总是把自己当圣人。在扭曲自己的同时歪曲别人、抹黑别人。

阴暗的人，总是把别人的痛苦和不幸作为自己的安慰剂，把坏事害人当作兴奋剂。事实上，文明在进步，人类社会一天比一天好，阴暗者的心理不会得到满足，阴暗者的行为也不会成功，阴暗者注定比别人更不幸。

阴暗好比暗物质，黑洞。即使光经过它，也难免被它扭曲、吞噬，难以逃逸。古人说，近朱者赤，近墨者黑。保持阳光心态，积极向上，必须远离阴暗心理严重的家伙。

仅仅从道德层面谴责阴暗心理是不够的，甚至是错误的。随着医学的进步，特别是精神病学突飞猛进，人们会发现：阴暗心理严重的人可能患有器质性精神毛病，他的大脑皮层可能出了问题，要治。

极端

　　世上存在各种主义，极端主义是其中的一种。没有人喜欢极端主义，但很多人都有极端倾向。好之者无缺点，恶之者无优点；爱之如雄螳螂愿意冒性食风险，恨之则欲掘其墓、鞭其尸。

　　极端主义的本质是反实事求是，即夸大或缩小客观事实。不能准确分析和判断事物。偏激、狭隘，情绪异常。每个人的内心都可能产生极端想法，也都可能成为极端行为的受害者。克己自律，冷静客观，才能管束极端想法。防止极端、反对极端，才能远离极端主义和极端行为的祸害。

　　极端主义者并不承认自己极端，相反，他们头头是道，自以为是。极端主义者往往也是理想主义者、原教旨主义者。他们不愿意与时俱进，也不愿意具体情况具体分析，因此极端主义是形而上学的极端表现形式，是反辩证法和反唯物主义的错误思潮。

　　极端主义既有害于别人，有害于社会，也断了自己的后路：不见棺材不落泪，或者说不撞南墙不回头。有的人至死不明白极端主义的表现形式及其严重后果，死不认错。这种狭隘和自负十分可怕。

　　极端主义者从来不知道与人商量，不知道集思广益的好处，不知道什么叫异端的权利，什么叫尊重别人，什么叫世界的多样性，只知道一条路走到天黑，一根筋。

　　个人极端主义者的祸害是有限的，也容易控制。个人极端主义者掌控组织或者组织本身信奉极端主义，则祸害无穷，伤害至深。因为组织有倍数效应，它既可以为民造福，也可以助纣为虐，一个老练和成熟的社会，是能够阻止极端主义者攫取权力的。

　　极端主义产生，有主观、客观两方面原因。主观方面主要表现在性格缺陷上，如狭隘，自负，暴戾，残忍，片面，激进，压抑，狂妄，敏感，任性等；客观方面包括民粹，封闭，专制，自大，独裁等。消灭极端主义，回归中庸之道，需要教育，需要铲除从极端想法转变为极端行为的土壤和环境。让人不敢走极端，不想走极端，不能走极端。让极端主义没有市场，让极端主义者没有空间。

古今中外，极端想法和做法比比皆是：中国古代有矫枉过正、斩草除根、剥皮实草、株连九族等做法。外国如今有自杀式爆炸、枪杀学生、劫机撞楼等报道。极端主义和恐怖主义是一对孪生兄弟！

职位

职业，是横向分工的结果；职位，是纵向分工的必然。每一个职位都有它特殊的价值和意义，正像任何一个器官于人体都有价值和意义一样。人人平等，也表现为职位平等。职位高低设置的目的是：让指挥更有效，合作更顺畅，事情做得更好。身居高位并不是奴役、欺压、轻蔑别人的根据。

每个职位都是一副担子，而不是一台轿子。挑担子靠的是肩膀，左肩是能力，右肩是品德。职位越高，担子越重，只有铁肩才能负重前行。力不胜位者，必累死于位上。把职位看作轿子，不仅是错误的，而且是危险的。德不配位者，必栽倒于位上。职位的本质是责任，不是享受。享乐主义者不可能履职尽责。

在三观很正的人那里，职位是推动公共事业进步的平台，是个人为国家和民族做贡献的机会与窗口；在三观不正的人的眼里，职位是炫耀的资本和谋私的工具，德不配位者指的是这类人。职位本身是中性的，无所谓好与坏。同样的职位，因德才兼备者而受人敬重；因声名狼藉者而遭人怀疑。一个人应该为他所处的职位添彩，而不是抹黑。为职位添彩靠的是品德和才能，尤其是品德。

世俗关于职位的一些观点可能是错误的。比如，以潜在利益有无、多少为标准，把职位分为虚和实；把引起民众关注、得到领导重视与否，把职位分为轻和重。事实上，职位没有虚实之分和轻重之别。在每一个职位上履职尽责，都需要清廉自律和踏踏实实、兢兢业业。

职位确有高低，但无贵贱。高低是人为的，平等是天生的。职位越高，越要谦虚、低调、谨慎。领导是标杆。职位越高，看的人、盯的人越多，越要行稳坐正，勤政廉政。职位越高，公共事业平台是大了，但个人自由空间却小了。不明白这一点，以为职位高了，可以任性、放肆，可以为所欲为，可以横着走，那是很危险的。

人应该珍惜自己的职位。职位不只是谋生的手段和饭碗，更是公民特别是公职人员服务民众的难得机会。只有在每一个职位上都做到尽心尽力、廉洁奉公，才谈得上无愧于组织，无愧于职位，无愧于人生。古往今来，总有人感叹"怀才不遇"，总觉得自己的职位低了，舞台小了，别人进步快了。鲜有反躬自省、扪心自问者：自己何德何能，政绩在哪？哪些事情在现在的岗位上还可以做得更好些？有没有竭力去解决人民的急难愁盼？周边上下对自己的评价怎样？真是：知多知少难知足，知人知事难知己！

从前后出师表看，诸葛亮及蜀汉臣僚、战士是忠于职守的典范。据称，臣僚士兵是这样的："先帝创业未半而中道崩殂，今天下三分，益州疲弊，此诚危急存亡之秋也。然侍卫之臣不懈于内，忠志之士忘身于外者，盖追先帝之殊遇，欲报之于陛下也。"诸葛亮本人呢？"受命以来，夙夜忧叹，恐托付不效，以伤先帝之明。""鞠躬尽瘁，死而后已。"云云。历史地说，无论创业、守成，忠于职守始终是重要的和必要的，非独蜀汉。

"位卑未敢忘忧国"这句诗，源自陆游《病起书怀》："病骨支离纱帽宽，孤臣万里客江干。位卑未敢忘忧国，事定犹须待阖棺。天地神灵扶庙社，京华父老望和銮。出师一表通今古，夜半挑灯更细看。"这首诗流传甚广，影响甚深，说明许多人认可：职位低不影响忧国忧民，爱国是公民的基本素质，那些尸位素餐的人在这首诗面前应该感到惭愧！

下属

西蒙·罗德里格斯说："反感是下属天然的情感。"做领导的人要懂点心理学，否则，调整了、卸任了、退休了，反差、失望、困惑会大到不能承受。要明白，在任时，下属的情感有节制、非真实。

好下属大多会提拔为领导，但好领导不一定做过好下属。

一头狮子带着一群猪是很难战胜一群狼的。团队的竞争力取决于团队的整体素质，而不仅仅是领队一人。

除了才能和品德等显性因素外，下属的性别、性格、长相、背景等隐性因素，也会影响其成长与前景。

不怕县官，只怕现管。这句俗话道出了有些人功利、实用的本性。

下属深知同僚是对手，分管是障碍，一把手及其以上的领导才是攀附的对象和千方百计取悦的人。

领导是演员，下属是观众。尽管演戏不如看戏乐，上台终有下台时，很多下属还是羡慕、幻想上台表演，并且深信自己演技更好！

在领导眼里，下属们像一个板块，职位的差别可以忽略不计。而在下属们眼里，职位的高低、虚实、轻重、正副像鸿沟一样清晰。

正派、忠诚的下属像一面镜子，可以帮你正衣冠。自私奸诈的下属会无原则地迎合你，在甜言蜜语中把你推向深渊。

下属的眼睛是雪亮的，领导的心里是明白的。唯有正派、忠诚的下属才能取得领导信任。也唯有正直的领导才能得到下属的尊重！

同事

有人说，同事是敌人；有人说，同事是缘分。事实上，同事就是同事：同时在同一个单位工作的一批人而已。

因为在同一个单位工作，而领导岗位和利益总量有限，所以同事之间有竞争，有矛盾。矛盾之极，可能演变为"敌我"；因为从事同样的事业，内部又有较细的分工，所以，团结协作、相互配合十分重要，相互尊重、相互支持十分必要。客观地说，同事之间的关系，是对立统一的关系。既有竞争，又有合作；既不是敌人，也不是一家人。唯有德才兼备者，才可以脱颖而出；唯有团结共事者，才能行稳致远！

所谓缘分，其实讲的是小概率事件。芸芸众生，能聚在一起工作，的确是小概率事件，是缘分，应该珍惜。但是，同事就像同学一样，只有志同道合、情趣相投的人，才能成为真正的朋友。大多数情况是人走茶凉。同事一场，令人怨恨和怀念的人都是极少数。这种状况完全符合正态分布。

好的组织，好的单位，都是有规矩的。所谓规矩，即国家法律和社会公德的内化，个人良知、良心的外化。

除了利益、权力容易引起矛盾以外，性格性情、观点观念、生活习惯、言行举止等方面的差异也容易引起矛盾，而且，这些矛盾更常见、更持久、更普遍、更难调和。选贤任能，可以使权力矛盾缓解；按劳分配，可以使利益矛盾缓解。而性格性情、观点观念不合，生活习惯、言行举止不同引起的矛盾似乎让人束手无策。唯有不断敲打、提醒、劝说，唯有自我反思、修炼、调整才是破解之道。

俗话说，人上一百，形形色色。又说，林子大了，什么鸟都有。因此，同事里有一两个怪人、坏人、猛人等，一点也不奇怪。如果感到奇怪，那是少见多怪。对于这样小众但杀伤力大、影响恶劣的人，既不能不闻不问、放任不管，让一粒老鼠屎坏了一锅汤；又不能过于计较，穷追猛打。最好划定底线和红线。底线以上、红线以外，可以做些忍让。破了底线，踩了红线，对不起，必须依法依规处理。

好的同事，首先，是热爱单位的人，视单位如家，视同事如兄弟姐妹。其次，努力工作，不计较名利；主动工作，不计较得失。再次，襟怀坦荡，与人为善，光明磊落，不搞团伙、两面三刀、阴险毒辣那一套。最后，爱憎分明，是非分明，弘扬正能量。

求人

　　需求无边，而个人能力有限，所以求人是必然的、必须的、必要的。

　　供需是一对矛盾。没有人永远处于单纯的供给地位，也没有人永远处于纯粹的需求地位。供需双方角色可以互换，而且必须换。供给的同时也有需求，需求的同时有供给。这叫政治上的平等，经济上的等价交换。在商品交易过程中，货币起中介作用。不过，求人并不是论经济学中的"需求"概念，尽管两者有联系，大背景是一样的，即供不应求，卖方市场。

　　求人，通常指的是求人帮忙，请人关照，而且因私，为个人的事。公事也求人，但没有那么直接、那么敏感，成不成也无所谓。求人的感觉并不好，破财是小事，面子挂不住，尤其遇到一些理所当然、法律应许之事，求起人来就很窝火。

　　面子薄的人，自尊心强的人，特别不愿意求人。即使求人有好处，也觉得不值得。而被求的人，却没有觉得特别有面子，有时不胜其烦。这种无感觉，在求人的人的眼里，相当于冷漠；而烦躁，相当于厌恶，从而使其自尊心受到伤害，觉得丢脸。

　　被求的人，一举一动，一言一行，都会刺激求人的人的敏感神经。真正善于求人的人，一定要横下一条心，不达目的不罢休；要相信只有撕下面子，才能保全面子，将来才有更大的面子。

　　为了正义，为了道义，求人没有什么可怕的。个人的事，只要合情、合理、合法，求人也没有什么丢脸的。人家答应，固然高兴、感激；拒绝了，也没有什么，就当不曾开口。

　　求人的人往往更具主动性和进攻性，机会更多，成事的概率更大。不求人的人，性格偏内向，容易错失良机，但自理能力和忍耐力较强，乐于被求。例如，在婚恋上，与男性相比，女性更被动。

求人的人往往比不求人的人把既得利益或者说求来的利益看得更重，同时也更贪婪，忠诚度更低，"趋炎附势"，有奶便是娘，似乎更明显。

《论语·卫灵公》："君子求诸己，小人求诸人。"《文子·上德》："怨人不如自怨，求诸人不如求之己。"人类生存发展到今天，自力更生永远是最宝贵的。但是，自力更生并不排斥合作、互助，求己不排斥求人。将二者对立起来，并上升为君子、小人判断的依据之一，是完全错误的。求己可以求人，求人更须求己。等、靠、要不行，自我孤立、自我封闭也不行。

交流

　　人在许多方面区别于动物，人可以全面、系统、深度沟通交流是其中之一。动物之间也存在沟通交流，但基本停留在简单、浅表、近乎本能的层面上，如喂食、求偶、遇到危险发出呼叫及回应等。

　　人类沟通交流主要靠语言和文字。语言和文字涵盖面有多广、涉及的内容有多深，沟通交流的范围就有多广、内容就有多深。

　　善于沟通交流，意味着能说会道；理解透、把握准、回应好；善解人意、善于表达，善于做人的思想工作。不说伤人的话，尊重人；不揭人的短处，给足面子；因势利导，不激化矛盾；倾听，不轻易反驳；替人着想，在困境中找出路，在迷惑时辨方向……

　　沟通交流的最高境界是心领神会。如洛阳亲友如相问，一片冰心在玉壶！度尽劫波兄弟在，相逢一笑泯恩仇。其次是推心置腹，坦诚相待，不藏着掖着。再次是反复沟通交流。最差的是鸡同鸭讲，对牛弹琴，牛头不对马嘴，顾左右而言他……很难甚至无法沟通交流。比如，"要是一个人总是说同样的话，你怎能和他交谈？"（刘易斯·卡洛尔：《爱丽丝漫游奇境记》）像猫咪那样，你问啥，它都"咪咪"。

　　歧视、仇恨、冲突等的产生有许多原因，沟通不畅、交流障碍是其中之一。由于语言、习俗等差异存在，加上一些别有用心的人挑拨离间、蛊惑煽动，唯恐天下不乱，情况就更严重了。换句话说，不断沟通交流、深入沟通交流，是人类和平共处的重要方式、方法。

　　沟通交流顺畅与否，除了技术、艺术方面的原因，是否存在个人利益或者私心也很重要。大公无私，天下为公，沟通交流起来没有问题。再复杂的事都会变得简单。相反，再简单的事也会变得复杂起来。形象地说，尿不到一个壶。这不是什么沟通交流问题，而是利益矛盾。

物以类聚，人以群分。个人利益，集团利益，国家利益，民族利益是客观存在的，必须在法律允许的范围内给予承认和维护。因此，平衡各方利益，实现双赢、多赢，是沟通交流工作最重要的切入点和难点堵点。

没有人的内心是绝对封闭的。即使躲进小楼，离群索居，内心仍然可能在思考、观察的过程中保持与外界的联系和沟通交流。可以说，沟通交流是人生的一部分，重要的一部分。必须面对，只能做好。沟通交流的好坏，决定人生幸福指数的高低，决定生活质量和心情心境，决定工作成效和业绩。

歪理

歪理，似是而非，表面正确实则错误。

讲歪理的人，或偷换概念，如白马非马；或牵强附会，如生辰八字；或以偏概全，如瞎子摸象；等等。

讲歪理的人动机不一。有死不悔改的，如别人贪，我为什么不能贪？别人比自己贪得更多，自己不算什么。有居心叵测的，如用一件偶然发生的恶性事件否定一个社会的基本制度。有大奸似忠的，如，"低级红""高级黑"，形"左"而实"右"等。

犯错误乃至犯罪的人，都有一套自己信奉的歪理邪说。例如，有的国企原高管认为，既然升不了官，那就大肆敛财吧！有的民企原老板认为，人无横财不富，马无夜草不肥！有的杀人犯说，欺人太甚忍无可忍！有的强奸犯说，对方穿得暴露，诱惑太大克制不了！

是不是真正的歪理邪说，不是书本说了算，不是权力说了算，不是权威说了算。是实践说了算，事实说了算。古今中外这方面的悲剧特别多，教训特别深刻。是非曲直，自然科学领域相对来说容易证明，而社会科学领域则复杂得多。著书立说，演讲发言，一不符合统治阶级的胃口，或者挑战、动摇了占统治地位的意识形态，就可能被冠以歪理邪说，遭到无情批判，坚决压制，甚至人身迫害。

君子以真理为师，小人以歪理为伴。为真理献身的人可敬，被歪理所误的人可悲。

歪理能蒙混一时，真理与日月同辉。

编造传播歪理邪说的人是别有用心的骗子，相信并践行歪理邪说的人是头脑简单的傻子。极端势力、恐怖分子、邪教组织、传销窝点等，都是些骗子和傻子结合而成的怪胎。

知错就改，不断进步；自我合理化，为错误找借口，是没有希望和前途的。

俗话

俗话，是黎民百姓日常生活经验总结。经验主义固有的优点和缺点，俗话里都有。

俗话，是人们感性认识成果的通俗表达。感性认识的直观、片面和肤浅，在俗话里都能找到。

了解俗话，实践俗话，不能保证不犯错误，但可以保证不会铸成大错。作为中国传统民间智慧的结晶，活学活用，受益匪浅！

"一个巴掌拍不响。"意思是说，矛盾双方都有责任。处理的方法简单粗暴，即各打五十大板。事实上，矛盾有主次，责任有大小，甚至存在 1 和 0 的关系。例如，追尾者负全责。

"三个臭皮匠，胜过诸葛亮。"集思广益，是对的。但若素质太差，在某些问题上，例如，科技攻关，一千人甚至一万人，也抵不过一个专业人才。

"一个和尚挑水吃，两个和尚抬水吃，三个和尚没水吃。"讲的是责任不清乃至推诿扯皮的后果。但是，只要公平正义，分工明确，别说三个和尚，三十个、三百个和尚，也是有水喝的。

"龙生龙，凤生凤，老鼠的儿子会打洞。"说的是家教、遗传的重要性。可事实上，皇子皇孙不争气的，大有人在；很多伟人也都出身于平民家庭。"王侯将相宁有种乎？"遗传之外，有环境因素！

"舍得一身剐，敢把皇帝拉下马。"讲的是一种大无畏精神。可历史上、现实中，皇帝没有拉下，自己却被剐的人，不计其数。成就一番事业，光凭一股蛮劲，是远远不够的。

虽然说，物以类聚，人以群分。"不是一家人，不进一家门。"但不能绝对。也有进错门的，虎父出犬子的，夫妻反目的。

"响屁不臭，臭屁不响。"经验里包含一点科学。响屁中的二氧化碳浓度较高，而二氧化碳是无味的，因此响屁不臭。如果肠道中未经消化的残渣较多，气体排出的量不大，速度又比较慢，就会出现臭屁不响的情况。这句俗话可以引申，即快人快语，伤面子不伤身心，而不声不响、使阴招的人，杀伤力大，是小人，必须提防！

自屎不臭，自尿不骚。自己的粪便，自己不觉得臭；自己的尿，自己不觉得骚。比喻极端自恋、自负，极不自知，看不到自身存在的问题。如何从生理上解释这种现象？留待专家吧。单从社会角度看，这种现象还极为普遍。谁不认为自己是真理的化身？道德的楷模？善良的天使？所以，人贵有自知之明。贵者，稀少也。

"雁怕离群，人怕掉队。"要成就一番事业，必须有一帮志同道合的人，有组织、有纪律。离群索居，单打独斗，是很难成功的。

闲言

　　人与人之间，既有相亲相爱、友好互助的阳光面，也有幸灾乐祸、彼此厌恶的阴暗面。人性具有两面性，何时何地展现哪一面，取决于对方是顺应抑或违背其个人意志。闲言碎语，体现的是人性阴暗面。

　　"正大光明"四个字，在中国，常常被制成匾牌高高悬挂在衙门、殿堂之类的地方。闲言碎语，至少在传统主流文化里没有市场。因为怕光，所以，它们像细菌那样存在阴暗角落，随时准备感染并伤害社会机体！

　　古人说，人言可畏。闲言碎语是有杀伤力的。可是，人的一生，谁没有被闲言碎语过？因此，杀伤力也不要夸大。恶语中伤，一时难受甚至愤怒，是难免的。孔子找南子，还遭受过学生的误解呢！害得老人家赌咒发誓。

　　一正压百邪。真正做到问心无愧，闲言碎语有什么可怕的？流言止于事实。不过，有时需要耐心。听到闲言碎语，是不是事实，自己最清楚。是，要反思，并立即纠正；不是，要忍耐，不必急于澄清，相信总有真相大白的时候。白居易是个明白人："……周公恐惧流言日，王莽谦恭未篡时。向使当初身便死，一生真伪复谁知？"

　　张长李短，在日常生活，在闾巷草野，是常见现象。有的实属无聊，没话找话；有的出于好奇，捕风捉影；有的故意造谣生事，别有用心，须严肃对待；有的真有其事，尚未公开而已，须深刻反思及时更正……情况不同，应对方法不同。

　　闲言碎语，有毒。没有人未中过这种毒，也没有人未制过这种毒。俗话说：谁人背后不说人，谁人背后无人说。堵其嘴，才能解其毒。而这，几乎不可能。一个办法是：走自己的路，让别人去说吧！至于自个儿：静坐常思己过，闲谈莫论人非。修身，再修身！养性，再养性！克己，再克己！尽可能不说人、少说人！

一个人要始终保持自信。人生可以什么都没有，唯独不能没有自信。自信，是人生第一法宝。而自信不是天上掉下来的，也不是地上长出来的。自信源于自律和自力。自律是自我保护的利器，自力是自我生存的基础。所以，一个真正自信的人，是不怕外界闲言碎语的！

苍凉

苍凉是一种内心感受，一种苍茫无边凉气袭人的感觉，一种孤独无助悲天悯地的状态，一种失败和失望的心境，一种满足以后不过如此的失落感，一种繁华过后的落寞和忧伤情绪。

客观世界无所谓苍凉。动植物界亦无所谓苍凉。苍凉是人的主观世界特有的现象。越伟大的人，越成功的人，越敏感的人，越聪明的人，越年老世故的人，内心可能越苍凉！他们的风光背后，是无限的伤感和孤独。

每个人都有自己内心深处的苍凉。陈子昂怀才不遇，登幽州台，潜然泪下："前不见古人，后不见来者。念天地之悠悠，独怆然而涕下！"苏东坡亡妻十年，孤坟千里，无处话凄凉。"纵使相逢应不识，尘满面，鬓如霜……相顾无言，惟有泪千行……"曹操知音难觅，壮志未酬，黯然神伤："对酒当歌，人生几何！譬如朝露，去日苦多。慨当以慷，忧思难忘……明明如月，何时可掇？忧从中来，不可断绝……月明星稀，乌鹊南飞。绕树三匝，何枝可依……"一首《送别》写尽李叔同苍凉心境，闻之落泪："长亭外，古道边，芳草碧连天。晚风拂柳笛声残，夕阳山外山。天之涯，地之角，知交半零落。一壶浊酒尽余欢，今宵别梦寒。长亭外，古道边，芳草碧连天。问君此去几时还，来时莫徘徊。天之涯，地之角，知交半零落。人生难得是欢聚，惟有别离多。"李白赐金放还一时之心境（"停杯投箸不能食，拔剑四顾心茫然"），陆游词中那株寂寞开放在驿外断桥边的梅花，曹雪芹笔下的荣国府被抄以后的氛围，鲁迅"从篷隙向外一望"的故乡……都是苍凉的。

人的情感极其丰富。具体情感的产生，有健康方面的原因，有季节方面的原因，有外在的社会的世俗的甚至言语方面的原因。喜怒哀乐寻常事。苍凉感是人生情感之一，多数人有切身体会。苍凉感并不好受，偶尔有是正常的难免的，总觉苍凉则很危险，距忧郁不远了。

与年轻人、穷人、单纯的人相比，老人、富人、见过世面的人容易有苍凉感。五岳归来不看山，曾经沧海难为水。眼界宽了，好奇心和激情少了；地位高了，好胜心和对手少了。所以，有人说，人生的幸福在结果，更在追求的过程；在年轻、简单、平淡，不在世故、复杂。

情感是可以相互传染的，尤其在家庭成员、同事同学之间。一两个坏脾气、刀子嘴，或一两个喜怒无常极端自我的人，或一两个自负自私从不知道尊重别人的人，或一两个鸡蛋里挑骨头求全责备总是指责别人的人，足够恶化一个家庭或者一个组织的氛围，让集体毫无生机与快乐，让别人苦恼无边、消沉不已乃至失去群居的动力和意义，内心倍感苍凉和悲哀。人生幸与不幸，自己有责任，身边的人也有责任。

简洁

　　与繁杂相比，简洁是做人、做事的基本功。说话，开门见山，直奔主题，不说废话套话；做事，干脆利落，不拖泥带水。

　　简洁是一种美。吴冠中的画简洁，在简洁中给观众以空灵之美；王维的诗简洁，在简洁中给读者以无限想象。

　　简洁是一种艺术态度。郑板桥是这样："删繁就简三秋树；领异标新二月花。"即，艺术应该追求简洁同时富有创意。

　　简洁是一种写作技巧。古今名篇，无不简洁。王勃的《滕王阁序》，刘禹锡的《陋室铭》，欧阳修的《秋声赋》，周敦颐的《爱莲说》，范仲淹的《岳阳楼记》，等等，中国人差不多都能倒背如流。西方作家里，契诃夫的《变色龙》《小公务员之死》，莫泊桑的《我的叔叔于勒》等，皆经典之极，简洁之至！

　　简洁是一种工作方法。在相对复杂的环境里，比如，官场，要以简单对复杂，即用一颗公心，应对无数私心杂念；用自己的埋头苦干，应对社会和单位各种流言蜚语小道消息。而在相对单纯和简单的环境里，比如，幼儿园、小学，要考虑细一些，研究深一些，预案多一些。

　　简洁是一种风格。人们喜欢明式家具，因为明式家具简约；喜欢快餐，因为快餐简单快捷；喜欢直爽的人，因为沟通顺畅、轻松愉快。

　　简洁是一种人生境界。年轻时，人的追求很多，似乎永无止境，只有奢侈、繁缛才能代表成功、成就。年纪大了，追求少了，要求少了，生活一天比一天简单，最后，像赤条条来，赤条条地离开了世界，身外之物一件也带不走、留不住。

　　官僚主义和形式主义害死人。文山会海，是官僚主义和形式主义表现之一。邓小平同志讲话简洁，做事干练，是全党学习的榜样！

　　简洁，不是简单化，不是幼稚、浅薄。简洁是在看透人事的基础上，想明白弄清楚的前提下，归纳总结，化繁为简，提纲挈领，举重若轻；是深入了解后的成竹在胸，是大道彻悟后的三言两语。例如，曾子说："夫子之道，一以贯之，忠恕而已矣！"

　　简洁与繁芜是一对矛盾。简中有繁，繁中有简。简、繁互为实质，互为形式。繁芜弄清楚了，就简单；简单叠加、组合、渗透、交织，即复杂。

经世济民

士气

古人说：气可鼓而不可泄！气泄了，人心涣散，做什么事都难。

人必须得到基本的尊重。人在被奴役、被教训的状态下，不可能士气高昂、精神抖擞。

圣人是凡夫俗子学习的榜样，不是塑造自我的模子和走向人生巅峰的鞋子。用圣人的标准匡正每一个人的言行，用心良苦，但方法不对：其荒谬程度不亚于削足适履。受伤是必然的、普遍的，受伤者的情绪一定极低。

团结紧张，严肃活泼。正常的、积极向上的集体和社会应该这样。人际关系过于紧张，相互提防着，彼此没有一点信任，是不行的。吹毛求疵，夸大其词，上纲上线，动辄得咎，必然导致不敢、不能、不想作为。死气沉沉的地方，谈什么士气！

人与人相互联系着，情绪可以传递和扩散。譬如，问题单位被过于管束后，很快会冒出另一种症状：规矩了，胆小了，但也不担当、不作为了。换句话说，严格是绝对必要的，但严苛是有问题的；结党营私是错误的，但正常的人际交往是要的；查办违规违纪是必要的，但有罪推定是伤人的。作为有感情的动物，稍不注意，就可能影响人的情绪和单位士气。

一个单位好不好，就像一个人的身体状况行不行，望闻切问，一望便知大概。望什么？望人的精神面貌，望士气。员工精神萎靡不振，中层干部一定得过且过，高层一定胸无大志，平庸无能。

团结大多数人，打击极少数人。公私分明，爱憎分明。多肯定，少批评；多理解，少指责；多担当，少推卸；多画同心圆，少搞小圈子；多集思广益，少自以为是。确定符合共同利益、符合公平正义的事业目标并为之而奋斗……都是鼓舞士气、调动群众积极性的办法。

俗话说，手中没有一把米，唤鸡鸡都不来。又说，重金之下，必有勇夫。只是，鼓舞士气，单靠物质利益是不行的。但是，完全没有物质利益，气也是鼓不起来的。

共同追求，包括理想、信念、荣誉、利益等，是士气高昂的恒久动力。找不到公约数，即找不到士气之所藏。

人的情绪，像气候一样变化，像潮水一样涨落。有高涨的时候，也有低落的时候。亢奋和抑郁都是病。古人说："一鼓作气，再而衰，三而竭。"劳逸结合，张弛有度，是管理艺术。

平均

　　世界是不会安宁的——无论自然界，抑或人类社会。因为一切都在运动、变化着：物质运动、生存竞争。贫贱者，羡慕嫉妒恨；富贵者，一方面享受成功的喜悦，另一方面担心财产和人身安全。历史永远在分化、平均、再分化、再平均的循环反复中前行。人们必须适应动态平衡。

　　安宁表示人类幸福、社会和谐。而平均或者说彼此差不多，是安宁的社会基础和心理基础。"春有百花秋有月，夏有凉风冬有雪。莫将闲事挂心头，便是人间好时节。"说得很有道理，但事实上做不到。存在决定意识！竞争会导致贫富分化进而会导致社会心理失衡，而心理失衡到一定程度，一定导致社会不安宁。所以，各国政府都会采取办法，尽可能调节收入，缩小贫富差距，把分化控制在可容忍、可接受的范围。

　　平均主义在历史上很有市场，尤其在底层社会，很有煽动性、鼓动力。对政权稳定威胁最大。孔子说："丘也闻有国有家者，不患寡而患不均，不患贫而患不安。盖均无贫，和无寡，安无倾。"大家差不多，即无所谓贫富了，天下因此安定了。德国魏特林说："愈是使社会里每个人都有可能得到其他每个人所有的一切，这个社会也就愈是满足，并从而也就愈是幸福。"（《和谐与自由的保证》）但是，平均主义也会导致效率低下和普遍贫穷。所以，只能做到相对平均、机会平均，而不在意结果平均、绝对平均。必须确保竞争、效率和进步存在的必备空间。

　　中庸之道的合理内核，在不走极端，在度、分寸的把控。极端主义与中庸之道势不两立。例如，平均与分化是一对矛盾，效率与公平是一对矛盾……所有矛盾的解决或者问题的处理，都要遵循中庸之道，即把握分寸，注意节奏和力度。简言之，凡事适可而止！平均不能伤害积极性，分化不能引起冲突。让一部分人先富起来的同时不能忘记共同富裕的理想追求。

天生斯民，有强弱之分，贤不肖之别。在一个允许竞争的社会里，贫富分化、地位悬殊是自然的、必然的。君子爱财，取之有道。道者，法规也。只要合法，财产多寡都无可非议。合法财产神圣不可侵犯。但是，扶贫济困，同情弱者，也是必要的。所以，即使法律允许存在的差距，也应该通过道德力量进一步缩小，于是有了捐助、帮扶等义举。

分化，是自然规律的结果；而平均，是社会规律和心理规律的体现。社会规律并不总是同自然规律一致，天人感应亦非绝对真理，对应关系没有想象得精准、及时，有时是拧着的。对于任何政权来说，两方面的规律都要遵循。谁让人既具有动物性又具有社会性呢？

时务

识时务者为俊杰。了解现实、尊重现实乃至于必要时向现实低头屈服的人，大概就是古人心目中的俊杰了。

可以与人斗，不可以与人性斗，人性是亘古不变的；可以与事斗，不可以与命斗，命是先天的，一个傻子，怎么教怎么学也没用；可以与未来斗，不可以与现实斗，现实即生存环境，失去生命，一切归零。存在即合理。反过来，只有合理，才会存在下去。而什么是合理，什么是不合理，需要科学论证、实践检验。改革也好，革命也好，没有坚强的意志和卓越的才能，是实现不了目标的。大环境、大趋势很重要，不可或缺，不可轻视。识时务者，物竞天择，适者生存也。

"两耳不闻窗外事。"从专心致志读书、一心一意做事的角度看，无可厚非。但从认识论角度，从学与思、知与行相结合的角度，从学以致用、经世济民的角度看，是不对的。为学、做事不能脱离实际，不能躲进小楼、闭门造车，不能务虚和清谈。一个不理会时代的人，时代也不会理会他。与时代为敌，被抛弃被忽略的概率很大。

不识时务，俗话叫不识相，历史上很多这样的人。一种情况是，当事人本身是正确的、正义的，但时代不认可，诬称其不识时务；另一种情况是真正的不识时务。时代变了，物是人非，思想、观念和行为仍停留在过去。所以，时代的正义性、正确性极其重要。在这样一个时代，我们应该与其同呼吸、共命运。相反，在一个黑暗的时代、落后的社会，改良派甚至革命者才是真正识时务的人。

在时代面前，个人是渺小的，也是伟大的。时代的趋势，无非是大多数人的意志和愿望，没有无数"个人"的意志和愿望，即无所谓时代的意志和时务。然而，毁灭一个旧时代，开创一个新时代，需要作出巨大的牺牲。即使个人的追求和信念是正确的，在斗争过程中，也可能因此作出牺牲。至于本身逆势而动，螳臂当车，则粉身碎骨身败名裂是迟早的。

宁静、淡泊是很高的人生境界，也是人生幸福的源泉。因此，尽管识时务极必要，但又不能陷进去、出不来，成为时务主义者，内心不得安宁。一生为名利所困，为俗务所缠，很难幸福快乐。长远地看，折腾半天，也就那样。时代趋势，迟早而已，不必焦急。挡不住，也推不动，这是大势的本质特征。许多年轻人幼稚冲动，焦急激进，乃至丢了性命。虽然可歌可泣，但历史地看，不少牺牲和付出属于无谓的牺牲、不值得的付出。历史有其必然性，历史存在规律。

时代永远是复杂的、有争议的。这不仅适应转型阶段，也适应和平时期。因为人们的利益不同，看问题的角度不同。正像狄更斯在《双城记》中所说："那是最美好的时代，那是最糟糕的时代；那是智慧的年头，那是愚昧的年头；那是信仰的时期，那是怀疑的时期；那是光明的季节，那是黑暗的季节；那是希望的春天，那是失望的冬天；我们全都在直奔天堂，我们全都在直奔相反的方向……说它好，是最高级的；说它不好，也是最高级的。"

民族

　　个体、母系氏族、家庭、私有制、部落、民族、公有制、国家、国际组织……这些概念和实体既同时存在又逐步演进。今天，单一民族国家已相当少，多民族国家也在更大的统一民族旗号下逐渐融合。原有的民族概念逐渐淡化甚至消失。这是进步！符合历史大一统趋势，符合大同理想和信念。

　　民族、人种、人类……这些概念并存，并且处于递进之中。亚洲人、欧美人、非洲人或者说黄种人、白种人、黑种人，各自外部特征明显，历史、人文、制度、观念等差别较大。从民族到人种，从人种到人类，每一步都很艰难。"人类命运共同体"概念的提出，摒弃了狭隘的民主主义，摒弃了错误的种族主义，是伟大的、进步的概念，应该广泛宣传。

　　知行合一，认识与实践统一，是辩证唯物主义倡导的基本方法。民族融合，是方向和目标。这一点，众所周知。但在实际工作中，人们经常忘记，知而不行，甚至南辕北辙、背道而驰。

　　民族之间的矛盾、摩擦、隔阂、冲突、战争产生的原因是多方面的。首先，语言上的差异以及由此导致的沟通上的障碍是主要的。其次，政客们的煽动也是原因之一。最后才是所谓的利益冲突、领土争端等表面原因。大融合、大统一、大同社会，首先是语言文字相同、一致；互联互通、文明互鉴，关键是民心相通，能顺利沟通交流，消除误解，形成共识。

　　人与人之间在体力上、智力上存在差距，但是人种之间、种族之间不存在这种差距。种族主义者不仅是傲慢与偏见的代表，而且是无知与无耻的典型。在同样的教育环境里，个体智商上的差别的确存在，但种族上的智商差别是没有的。没有哪一个种族的高深理论是其他种族所完全不能理解的；没有哪一个种族的高新技术是其他种族所完全不能掌握的；没有哪一个种族的尖端产品是其他种族所完全不能仿造的。

造成种族之间的差别，比如整体落后与先进，整体富裕与贫穷，主要原因是种族内部的制度与习俗不同。内因是变化的根据，外因是变化的条件。成功与失败，内因永远是关键。一个民族，只要不折腾、不内耗，一心一意谋发展，聚精会神搞建设，发达是必然的、迟早的。没有哪一个种族天生就是落后的、贫穷的，也没有哪一个种族天生就是高贵的、富有的。优秀的制度和文化可以塑造优秀的民族。反过来，优秀的民族也应该与时俱进，借鉴其他民族的优秀制度和先进文化，敢于创新，善于创新，成就优秀的自己。

经济

经济总的趋势是越来越好。这是因为科技不断进步从而使生产力水平不断提高，文明不断进步从而使生产关系不断改善。唱衰经济、唱空股市，既不符合逻辑，也不符合事实。

各国生产力水平相当，对外贸易小到可以忽略不计的情况下，即世界普遍贫穷落后且相互封闭的情况下，经济总量取决于国内人口总量。这就是中国近代以前 GDP 长期居世界首位的原因。

各国生产力水平相差悬殊，比如，机械化自动化生产和手工制作。一国对外贸易和投资大量涌现，即商品、资本输出国与输入国划分明显的情况下，国家经济实力不再取决于本国人口总量，而是取决于"客户"的数量及其富裕程度，即国内外购买力或市场份额。这就是近代英国、当代美国经济雄居世界榜首的原因。

落后国家开放，让外国资本和技术涌入；保守国家改革，让民营企业自由竞争，换句话说，改革开放可以让生产方式接近世界先进水平，落后国家的庞大人口，可以变成经济增长的潜力和动力。如果它的产品在国际市场上还有点竞争力，那么，它的经济总量会迅速提升，甚至名列前茅。1978 年后的中国，就是一个生动的例证。

GDP 是一个数量指标、总量概念，是衡量一国经济的必要指标，而不是充分指标。第一，它忽略了质量和结构；第二，它不考虑环境代价；第三，它不反映劳动者的付出，包括生命；第四，它不显示财富历史积累状况和当前人均状况。所以，它是有缺陷的。不唯 GDP，是明智的。

古代经济是自然经济，男耕女织，自给自足，也可以叫实物经济。税、租、禄等都用实物；近代经济是商品经济，经济主体千方百计开拓市场，诸如成本、价格、销售利润、关税等，牵动商人的每一根神经。现代经济是货币经济，一切为了钱，金融业因此盘踞在产业链的顶端。老实人虽然有些抱怨，但也无可奈何。

使用价值因人的生存需要而存在，价值（价格）因人的心理需求而发现。随着商品货币经济的发展，使用价值和价值（价格）越来越分离。那些特别重要的商品，例如粮食反而特别不值钱。一些虚头巴脑的东西却价值连城！防止经济虚拟化和资产泡沫化，已成为当代世界经济难题。

按劳取酬，天经地义。财产性收入不符合马克思劳动价值论。真正懂经济的人，知道要不断提高劳动者工资水平，同时，通过税收限制、减少财产性收入。否则，寄生阶层很快就会形成，并导致严重的经济、社会问题。

企业是现代经济的主体。企业家天然是经济学家。企业家的感受是衡量营商环境和经济政策优劣的显性指标。

政府直接参与经营活动，等于"与民争利"，且效率低、效益差，违背公平竞争原则。政府最需要做的是，保护市场主体合法权益，稳定币值和汇率，降低税费，减少行政审批和过度干预，维护市场秩序，清除害群之马，等等。

股市

选股票的诀窍是：综合股比专业股稳；发达地区股比欠发达地区股更有潜力；市盈率低的股票比市盈率高的股票更有价值；价格接近其史上最低价的股票比接近其最高价的股票上升概率大；垄断性强的股票比竞争性强的股票盈利空间大。当然，要记住：知晓率越高的商业诀窍，赚钱概率越低！

股市如赌场。进去的人，赚少赔多。一开始，股市就是这么设计的。但是，给人的感觉是，赚多赔少。原因很简单，亏本事小，面子事大，丢脸莫过于傻，莫过于愚不可及！亏了钱的人，都不说或尽量少说。

钱多的人做股票，要遵循分散原则，鸡蛋不能放在一个篮子里；钱少的人做股票，要遵循专一原则，盯着一个股票做，低进高出，循环反复，直到大势已去。

上市公司和它的股票，好比形与神的关系，形灭神亦灭。督促、强制上市公司真实披露信息，尊重投资者投资决策自主权，惩罚弄虚作假者，是监管部门的职责和使命所在。监管部门绝不是投资人的父母、媒婆、保证人、牧师、看门人。监管部门是资本市场的警察和检察官。

投资人买股票，如同小伙子找媳妇。保荐人、承销商是中间人，是媒婆。如果中间人不说实话，媒婆不负责任，这门亲事的可靠性和持续性，就值得怀疑。所以，尽职调查真实披露极其重要。

货币

　　天下谁人不识君？说起钱、货币，天下谁人不晓？很多时候，无物比钱更有名，无物比钱更迷人。颂之者谓之神物，贬之者谓之祸水。然而，无论你爱抑或不爱，它都在，永远魅力四射！

　　钱币的前世今生，在钱币博物馆里展示得清清楚楚，在货币史著作里写得明明白白。不过，那都是它曾经的外衣，褪去的外壳，不是它的灵魂和本质。灵魂和本质是存在的，却看不见、摸不着。

　　能看见的贝壳、铁、黄金、白银、铜、纸等物，都作过货币。但是，反过来，它们本身并不就是货币。这听起来有点拗口，但事实就是如此。货币的本质是商品和劳务的价值量。它的基本功能和神奇作用是，让具有不同使用价值的商品同质化、价值化、量化，并且像尺子一样标示这个量。货币因此成为所有商品的价值尺度，或者，反过来说，价值尺度是货币的本质特征。有了公认的、统一的、法定的价值尺度后，所有的商品可以计量、比较、交易。在这个过程中，商品之间并非直接交换，尽管早期有过以物易物的做法（氓之蚩蚩，抱布贸丝。匪来贸丝，来即我谋）所有商品都是同货币发生关系，从而与其他商品间接关联。显然，货币在这里充当了流通中介。流通中介是货币的重要功能，同时，是其作为价值尺度的本质特征外化、物化的结果。

　　货币的本质与货币的形式之间的区别，就如同神与形、灵魂与肉体的区别。博物馆里躺着的"货币"、保险柜里锁着的"现金"以及流通中的"钱"，是货币的宿主、载体、物化。货币是金蝉脱壳的高手，是投胎的超级能手。把货币形式当作货币本身是一种错觉、幻觉。事实上，只有数字货币或者货币数字化，才能实现货币的本质与形式的完全统一。

数字货币或货币数字化，建立在互联网技术、智能终端等强大的技术基础上。这个基础过去是没有的，所以，我们今天能看到过去使用过的各种各样、稀奇古怪的"货币"躯壳。

作为数字货币或者货币数字化中的"数字"，形式上，与数学用的阿拉伯数字无任何区别。实质上，因为前者代表一般财富、价值量、购买力——代表一定量的货币，导致二者的区别大得很。银行"私人账户"，好比家里的保险柜，自己兜里的钱包。账户余额的变化，意味着财富的增减、进出。所以，这里的"数字"，不再是简单的数字、普通的数字、无社会意义的数字。它是社会公认的财富数字，雇主和银行认可的会计数字，谁都不能篡改的神圣数字，收付双方都接受的商品劳务交易数字，真实价值（购买力）会发生变化（主要是下降）的名义数字，永远后缀货币单位的特别数字！

比特币等时髦概念和操作，实际上是私人发行数字代金券行为。炒它，就像炒月亮、金星上的地券一样疯狂、荒唐。它本身不是"货币"，所以它的价格（比如，一个比特币值多少美元与一个上市公司一股值多少钱是一样的）会剧烈地波动。发行人正是在这种波动中获取利益，而投机者正是在这种波动中满足其赌徒心理。

数字货币仍然是货币家族成员之一，不过，它是最年轻的家族成员。它并不是什么新的物种，仿佛与历史上出现过的"货币"存在生殖隔离似的。数字货币无非是脱掉外衣的裸行者，是一丝不挂的货币，是形式与实质完全统一的货币。这种统一，历史上从未完成，也无法完成。因比，数字货币或货币数字化并未改变价值规律、供求规律、货币流通规律。财政或中央银行或两者共同在央行基础货币账户上人为加记，同样会相应地贬损流通或记账货币的购买力、汇率，导致物价上涨。

过去，银行对金库清点和保卫、账册记录和保存、现金生产和押运等工作，十分重视。有的还配有武警驻守。随着纸币不断被数字货币取代和挤压，现金支付不断被电子支付取代和挤压，银行数据库的建设与安全变得越来越重要，银行账户体系和电子信息、网络支付系统成了现代银行的镇馆之宝！银行比历史上任何时候都更了解客户财务和经营状况，因电脑有数据故而能轻易做到心中有数。银行看上去无所不能，强大无比，高效便捷，但是，因为黑客的存在和电力、电信系统的脆弱性，银行的危机感、恐惧感与防备心理与日俱增。

利率

中国人民银行授权全国银行间同业拆借中心公布，2023 年 6 月 20 日贷款市场报价利率（LPR）为：1 年期 LPR 为 3.55%，5 年期以上 LPR 为 4.2%。以上 LPR 在下一次发布 LPR 之前有效。

问：这是一个处于什么水平的利率？

答：这是中国有史以来最低报价利率！

你好！LPR！贷款基准利率！

我对中国利率史做过一点探索和研究，初步结论如下。

1. 中国历史利率总体呈下降趋势，中间有起伏，但目前肯定是史上最低的。

2. 实际利率总是高于法定利率或公认利率。因为多数时候，贷款人处于强势地位！

3. 以短期（乃至于古代因期限而产生的利率差异几乎不存在）、个人、消费贷款为主，按月、旬、季计息情形多。

4. 实物，例如谷物贷款利率高于货币现金贷款利率。1933 年，调查数分别为 85.2% 和 34%。

5. 政府借贷和民间借贷长期共存。一般情形下，前者利率低于后者。

6. 近现代外国商人认为中国 6% ～ 10% 的利率足够高了。因此，外国资金进入中国最先降低的是中国沿海开放地区利率。20 世纪 30 年代，上海与内陆地区利率相差 10 倍左右。

7. 战争会推高物价与利率。抗日战争时重庆贷款利率达 121%，解放战争时上海贷款利率达 3000%！同时因为物价飞涨，1948 年存款利率达 180%，国债收益率达 291%。

8. 由于宗教信仰，西方人长期为借贷计息问题困扰。他们批评、谴责、诅咒乃至处罚借贷行为特别是高利贷行为（利率 >5%）。民间则想方设法规避，瞒天过海、阳奉阴违地做。中国不一样，始终坚持以官方信贷为主，挤压民间高利贷空间，并且认为贷款尤其是经营性贷款取息理所当然，欠债还钱天经地义。

供给与需求从来就是一对矛盾。所以资金供需双方对利率的感受、评价和态度、主张截然相反。供给方希望利率越高越好，需求方则希望利率越低越好。但从文明与进步的角度看，利率走低是趋势，是经济史规律之一。庞巴维克说过：一个民族的智力和道德力量越强，其利率水平越低。

行文至此，读者也许明白了这篇短论的写作目的：告诉实业界 2023 年及之后是中国前所未有的负债好时机和创业展业好年代！至少就资金成本而言，是借贷资金有史以来最亲民阶段。古人说：人弃我取，人取我予。贵在逆周期思维。古人又说：夏则资皮，冬则资绤；旱则资舟，水则资车。贵在先知先行。至于借钱干啥，那是预期和项目谋划问题，殊非利率政策力所能及了。

会计

　　"心中有数"是一个原则要求。怎样才能做到心中有数呢？会计是名副其实的、不可或缺的工具之一，会计账簿是实施有效管理的财务工具。

　　不做假账，应该成为会计界的职业道德底线。坚守这条底线并不难，因为真实是会计的生命和获得社会信任的基础。没有人或公司敢公开宣称自己的账表是假的。欺诈，在市场经济社会可能导致严重犯罪。但是，不做花账、虚账……却不那么容易。花账、虚账是假账的变异，像披着羊皮的狼，所以，具有欺骗性、迷惑性、隐蔽性和更大的危害性。它们让核算单位看上去健康强壮，账表记载和计算表面上也符合相关要求，实际上，核算单位可能已病入膏肓，不可救药。例如高估其资产价值，夸大收入，隐瞒损失等。有些制度设计本身存在缺失，方便舞弊行为或人为操作账表。例如，银行拨备，可调剂利润；同业往来，可冲时点数。

　　会计报表，既体现核算单位的整体形象，又体现其主要负责人的个人意志和价值取向。所以，会计问责制实施过程中，至少会遇到两方面的阻力。会计事务所或许为了钱不敢揭露真相，审计机构可能怕得罪人也不愿深究，等到纸包不住火，经营不下去的时候，事情的真相才彻底暴露，有关财务指标才会有天壤之别！

　　美国人雅各布·索尔在《账簿与权力》一书中讲："糟糕的会计核算以及随之而来的诚信缺失，则会导致金融业乱象丛生，引发经济犯罪和形势动荡，甚至带来更坏的影响。"事实上，恰恰相反，假账、虚账等是诚信缺失的表现，根子在为富不仁，包括业务乱象、经济犯罪等行为。

　　会计核算与核算单位的关系，就像镜子与物的关系。镜子反映物像，但物像不是物本身。会计核算科目，是业务分类的结果；科目及其之间的数量变化，是业务活动变化的反映。会计始终是一个工具，应该服从和服务于业务，但又要恪尽职守，守住底线，即不做假账，账表真实、客观、全面、准确。

稳定的、统一的复式记账制度，有 700 余年历史了，其中蕴含的原理弥足珍贵：追根溯源，动态平衡，责任清晰，业绩了然。而政治权力与财务可信度之间的内在冲突，是导致欧洲长达几个世纪出现金融危机的原因之一。雅各布·索尔说：清晰透明的会计核算行为，对王权统治是危险的。公布皇家家底，可能动摇人们对君主的信仰和敬畏。

会计，古代中国叫账房先生。精明、认真、仔细。善于算小账，打小算盘。微观层面看，会计的品质和特点无可非议。但是，到了战略和宏观层面，这种品性，容易成为嘲笑的对象。

会计，有大会计、小会计之分。大会计算的是宏观账、大账、长远账、综合账、最终账。小会计算的是小账、细账、一时一地一事账。伟大的政治家都是大会计，而账房先生多半一叶障目，特别计较。

物价

　　物价，既反映商品供应状况，也反映货币供应状况。假定货币供应量不变，商品供过于求，则物价下降；商品供不应求，则物价上涨。假定商品供应不变，货币超发，则物价上涨；相反，则物价下降。假定商品供应、货币供应都在变化，现实中也是这样，物价变化背后的要素组合就复杂了。总之，物价既是商品供求现象的反映，也是货币供应现象的反映，更是商品与货币综合作用的结果。

　　货币贬值、物价上涨，几乎是一条规律，一条经济史规律。通货紧缩，一般来说是短暂的，可以迅速解决的，往往出现在古代社会金属货币年代。而通货膨胀，特别是温和通货膨胀，是长期的、普遍的，以近现代为主。财政或者说统治阶级乐此不疲。可以说，税收是中央政府集中财富的公开方式，而通胀是中央政府集中财富的隐蔽方式。

　　物价变化具有滞后性。货币不会像麻醉药那样注入身体立刻发挥作用。超发的货币更像小偷潜入流通，发现它时，叫价值或购买力的东西早已被盗了。物价涨多少，货币持有人的财富就损失多少。而且，不声不响，没有预兆，没有暴力，只有后果和苦果。

　　从经济史和国别经济角度看，物价低的时代或地方，往往是贫困时代和贫穷国家。但不能由此得出结论，物价高的地方和时代就是发达的地方和时代，它很可能是战乱国家和动乱时代，民不聊生。

　　通常物价稳定，社会就稳定，人民安居乐业。其弊端是发展慢、社会活力不足。一般地讲，发展快、活力足的社会都伴有温和通胀，CPI 约 2%。与其他要素相比，货币具有主动性。能粘合各种生产要素，给民众以适当的生存压力，同时，也给他们以更大的赚钱空间以及更强烈的发展动力。货币可以激活劳动力和资源，催生财富，所以采取温和通胀有利于社会进步。

严重的通胀会导致货币拒收、废弃，出现物物交易。看看日本 20 世纪四五十年代的情景吧。"那时的生活是很苦的……想买块白薯给孩子们吃吃，价钱贵得惊人，有的农户说：你不拿衣服、香烟来以物换物，就不卖给你食物。差点没饿死，我们生活都这样。"（山崎朋子：《山打根八号娼馆》）而严重的通缩会导致非本币、非法币介入流通。所以，物价不可走极端。

学经济、金融的人读小说，别忘了抄录和思考小说里关于经济、金融史料性的描写。以《望乡》为例，明治四十二年出生的阿崎婆十岁时以 300 日元的价格被贩卖到南亚做妓女，老年的她回忆说："战后的钱与那时不同，大正时代的 2000 日元可是一笔大数目……我们接客的钱是这样的，客人不住夜立刻回去是两日元，住夜一晚上十日元。老板呢，拿走一半……和服的价钱得看布料质量。夏天单衣是一日元，绉绸之类要十日元呢！博多产的腰带二日元一条。"（山崎朋子：《望乡》）到 20 世纪 60 年代，阿崎婆在老家千草生活，在东京工作的儿子每月寄来生活费 4000 日元，也仅够她买一个月的口粮而已。可见，战后日元贬值之巨！

环境

环境，分自然环境、人文环境。自然环境，不言而喻，包括山、水、林、田、湖、草、空气、阳光、雨水等。人文环境，包括制度环境、社会环境、工作环境、家庭环境等。自然环境，贵在保护，忌破坏；人文环境，贵在建设，忌不公。

天地有大美，指的是自然环境。只要没有人为的破坏，自然环境都是美的、恰到好处的。因此，保护环境，说到底，是对人类肆意妄为的约束与规范。

环境好，令人赏心悦目，幸福感强；脏乱差，令人厌恶，遭人嫌弃。

自然环境的保护，关键是防污、治污。人类生产、生活，会产生污染、废料、有毒物，不妥善处理，会损害环境和人类的永续发展。垃圾分类、洁净排放、零污染、循环利用、变废为宝……这些概念的提出并付诸行动，是文明进步的表现，也是地球人的福音。欧阳修《沧浪亭》云："清风明月本无价。"

贪婪、奢侈、浪费、暴殄天物等人性弱点，是环境破坏的始作俑者。人的生理需要是有限的，而贪婪是无穷的，于是就有了过度开发。人类的消费具有象征意义，于是就有了奢侈和浪费行为。所以，环境问题也是观念问题，保护环境必须首先转变观念。

现代社会，防污、治污的技术是有的。问题是，应用这些技术及持续运行设备的成本谁来承担？环保企业的费用开支和利润从哪里来？按理说，谁污染、谁掏钱，天经地义！然而，实体经济之艰难，让一些企业感觉环保费用太高。因此，改善生态环境，政府投入、补贴一点是必要的。

城市环境建设，首先是干净，其次是清爽，再次是美观。三个阶段，一个阶段比一个阶段目标高。干净即卫生，勤扫、勤洗、勤擦。清爽即整齐，不乱堆、不乱拉、不乱挂。美观即视觉感受好，放眼望去像一幅名画。

人文环境建设，受自然环境评价标准的影响，二者是相通的。比如，干净、忠诚、担当中的干净，廉洁自律中的洁，两袖清风中的风，一番净土中的土，政治生态中的生态，家庭温暖中的温暖，"身是菩提树，心如明镜台，时时勤拂拭，勿使惹尘埃"中的拂拭尘埃……都借鉴了生态环境的评价标准和逻辑、术语。

邓小平同志讲，好的制度能让坏人变好，坏的制度能让好人变坏。孟母三迁，环境对人的影响是巨大的。今天说的改善营商环境，涵养政治生态，目的就是发展经济，改善民生，增强国力。

舆论

挨打，伤身体，伤重致命。挨饿，伤胃，饿极要死。吵架拌嘴，口水战，挨骂，虽不至于死掉，但伤心伤面子、伤气伤感情，憋屈得很。有杀手锏，有绝招，不会挨打。发展经济，丰衣足食，不会挨饿。提高国际传播能力，不会挨骂。舆论战的底线，即不能莫名其妙地挨骂，不能被敌对势力妖魔化、污名化，必须勇敢地站出来，义正辞严地驳回去。

事实胜于雄辩。这话没有错！但是，大多数人的判断不是建立在他亲眼所见的事实基础上，虽然无法做到事事亲眼所见，而是被舆论引导着。因此，舆论是否真实、客观、公平、公正，就显得十分重要。舆论就是陈情与说理，把真实情况和科学道理告诉读者、听众、观众、网民，防止被误导而已。

传播能力是一个国家和地区的软实力，包括传播影响力，文化感召力，形象亲和力，话语说服力，舆论引导力。硬实力决定软实力，软实力反作用于硬实力。做好自己的事是关键，讲好自己的故事也很重要。既要会做，也要会说；既要会说，更要会做。对国家和地区是这样，对行业和单位也是这样。

新闻的生命是新，核心是实，即真实、客观、及时、准确。评论的关键是公正，不偏不倚，有理有据有逻辑。故事感人，能给人启发和借鉴。主流媒体的价值，在于社会风向标作用，在于引导人们向善、向上。

在阶级社会，舆论是为阶级利益服务的；在国际社会，舆论是为国家利益服务的。所以，对于敌对势力的报刊，不友好国家的电台，极端分子的言论，是不能写啥说啥都信的，必须慎思明辨。

舆论是一种监督。舆论具有监督的作用，不仅是因为人都要面子，都害怕声誉风险和道德谴责。更重要的是，紧随舆论监督的是行政监督和法律监督，是行政处罚和法律制裁。但是，有偿新闻破坏了这种监督，使监督劣变为敲诈、勒索。

舆论是喉舌。谁掌控媒体，媒体就替谁说话！舆论必须掌控在代表大多数利益的政党、政府和组织手中，必须掌控在公道正派的人手中，这个社会才可能公正。

宣传工作，归根结底，是讲道理，是扶正祛邪、崇尚真理。因此，不学无术，做不好宣传工作。宣传技巧是存在的，但宣传内容真实客观更重要。人人都是宣传员，都是国家名片和窗口，都是口碑。专职宣传机构及其工作人员的主责是融媒体的建设与管理，宣传材料的搜集整理与发布，全社会宣传工作的动员与组织。

监督

　　群居并非人类特有现象。群而有规矩，有明文规定，有法律道德约束，有系统监督等是人类特有的做法。这一做法是人类智慧的体现。

　　监督不是今天才有的。一定程度上说，人类文明史也是一部监督史。天下非一人之天下，乃天下人之天下。人类命运、国家命运、族群命运共同体是存在的。为此制定的规章制度等，神圣不可侵犯，即谁也不能违背和践踏。必须监督，必须教育和惩戒，确保大、小组织的有效性、安全度和利益最大化。

　　好的监督工作，首先，在规则本身的合理性、科学性。只有代表绝大多数人的利益的规矩，对其监督执行才是有意义的，才是好的。否则，可以叫助纣为虐，为虎作伥。其次，在言行一致，表里如一。规则好，但成了摆设，成了花瓶，不行。历史上，很多规则也是好的，但是不执行，出了很多问题，这是教训，要汲取。再次，要避免有选择地执行。不能存在特权阶级或阶层，存在不受监督的领域，存在例外者，比如他能监督你，你却不能监督他；监督机构，也不能只对个别人负责，不对全体人民负责，监督存在不公，具有明显的倾向性，存在傲慢与偏见是肯定不行的。

　　射人先射马，擒贼先擒王。一把手很重要。如果说员工是四肢，那么一把手就是头。在团队里，一把手是头雁、头狼。上行下效，一把手会影响一个组织的风气和战斗力。一把手的地位和影响，即一把手的重要性决定了对一把手监督的必要性。加强对一把手监督，是正确的。确保一把手一言一行符合法律要求，符合大多数人的意志，应该成为监督工作的重中之重。

　　一把手有权、有地位，管帽子，管票子，决定员工的前途和命运。换句话说，一把手反监督的手段也多。上级看不见，同级不吭声，下级不敢说。一把手监督很容易流于形式，处于失控状态，沦为监督的真空，难点和痛点。

一把手失控，根本原因在于权力过大。因此，监督一把手的关键在于权力制衡，在于民主决策。必须从体制、机制和程序上限制其权力，分散其权力，平衡其权力，真正确保权为民所用。

好的监督的方式方法是有的，应该总结和推广。比如，鼓励批评与自我批评，坚持民主集中制，构建立体监督体系，完善诫勉谈话、述职述廉、考核、函调等行之有效的方法。

监督是外在的，自觉是内在的。事物变化，外因是条件，内因是根据。监督要起作用，必须将外在要求内化为心灵自觉、行动自觉。正像药物要起作用，身体机能要有反应一样。如果不能做到自觉自悟自律自警，至少要做到不拒绝监督，从善如流，知错就改。如此，监督才能起作用。假若执迷不悟或者阳奉阴违，除了惩处，监督起不到什么预防作用。

监督，说起来容易，做起来难。人是独立的。监督别人可以，被人监督多少有些不爽、不自在。人的本质是社会关系的总和，因时因地因人因事而异。但可以做两分法。真善美一面，要弘扬和宣传。监督的实质是约束人虚伪、罪恶、丑陋的一面，不许其危害社会，伤害别人，损害组织，确保社会风清气正，人人正道直行。

监督者尸位素餐或视而不见，当然不行。但是，把监督等同于监控跟踪，无限放大，故意扩大，影响人的正常生活，侵犯人的隐私，人人自危，也是不行的。所以监督要把握好度，划清界限。

监督之难，难在监督依据的合理性；监督范围与对象的确定；监督者自身的素质与能力、勇气与底气。监督不偏不倚即公正，而不是有选择地执行；监督还要避免假公济私或公器私用。

刁民

　　人有好坏，民有良莠。良民者，循规蹈矩之士也。良民占绝大多数，此为社会稳定之基石；刁民者，违法乱纪之徒也。刁民占比虽小，但恶如病毒，伤害社会肌体健康。刁民有组织、有规则，则成黑恶势力，其危害又甚于"独狼式"犯罪作恶。所以，善治国者，必除黑恶。

　　道高一尺，魔高一丈。传统黑恶势力集中在黄、赌、毒。随着互联网等高科技的发展与应用，黑恶势力作案的方式方法也在改变。金融化、网络化、隐蔽化的新型犯罪，层出不穷。所以，公安政法系统必须与时俱进对症下药。

　　刁民见得而不思宜，为富而弃仁。为了利益，不择手段。或电信欺诈；或"套路贷""校园贷"，暴力催收；或以高利为诱饵，P2P线上非法集资；或官商勾结，欺负弱势群体。

　　古人说：治国必先治吏。官吏承上启下，在国家治理的一线、基层。官吏腐败，正而不足、邪而有余，其国必乱。所以，治国必先治吏，是完全正确的。官吏正直、正派，则民不敢生乱作恶。管党治党从严治党以后扫黑除恶，推进顺利，效果明显。

　　弱肉强食，丛林法则。人类的动物本性、本能并未因社会文明而彻底泯灭。无政府主义者幼稚，就在这里。人与人之间，体力、智力、性别、年龄等差异是天生的、天然的。如果没有法纪管束，弱肉强食是必然的。

　　运动式扫黑除恶有一定效果，也能震慑一段时间。但要长治久安，必须在体制、机制上下功夫，坚持露头就打，而不是养虎遗患，民怨沸腾时才动手。要将扫黑除恶同反腐败、打保护伞、"拍蝇"结合起来。

　　刁民往往认识片面、欺软怕硬、性格偏激、手段残忍，缺乏起码的敬畏之心。对他们，要教育，更要打击。

鼓励群众举报，是扫黑除恶的有效方法。刁民，不是隐士，不会离群索居，他们就在群众身边、居民周围。采用举报方法，让他们无处遁形，像过街老鼠，人人喊打。

凡是黑恶势力横行无忌的地方和领域，一定有强大的"保护伞"。这些地方的公、检、法、司往往不能依法履职尽责，甚至"贼喊捉贼""警匪一家"，为富不仁。凡是国泰民安的地方，官吏一定奉公守法，所以，要敢于亮剑。

研究

　　研究，民间叫琢磨。琢磨，源于人的好奇心，源于人类生存需要和对美好生活的向往，源于每个人趋利避害之本能。琢磨，是人的天性，是人之所以成为人的特质和优点优势。动物和智障者、蠢人，从不琢磨、研究，日复一日，活着而已。

　　尽管大多数人都会有意或无意地去研究、琢磨，但并不是每个人都拥有同样的研究兴趣和研究能力，抵达一定的研究深度，取得重大的研究成果。只有少数天才，可以引领新时代，开创新局面，贡献新发现新发明，从而启迪人类，提高生产力，开创更加美好的生活。例如，孔子、马克思、牛顿、爱迪生、爱因斯坦、蔡伦、沈括、毛泽东等。一般人都是存量知识的接受者，文明进步的跟随者，发明创造的享受者。

　　能力有大小，研究有深浅；兴趣有广窄，范围有宽狭。人类发展到今天，存量知识已汗牛充栋。但相对于世界之未知部分，仍然是一丁点。"吾生也有涯，而知也无涯。以有涯随无涯，殆已！已而为知者，殆而已矣！"这是《庄子》一书中的观点。实际上，庄子本人是一个思想极其深刻的人，一个爱琢磨的人。在无尽的奥妙面前，他感觉到自己一生有限，力不从心，是可以理解的。幸运的是，人类可以一代又一代接续奋斗。单个人，生也有涯；而整个人类，子孙无穷。有什么悲哀的？可怕的？担忧的？研究、探索工作，虽然艰苦甚至危险，虽然一个人或一代人贡献新知识、新发现、新发明有限，但积少成多、集腋成裘，总有一天人们会弄清楚所有的奥秘。相对于庄子年代，今天我们已极大地丰富了人类的知识；庄子当年不能理解或困惑的问题，例如鱼有没有记忆从而有无悲欢，今天也一一破解了。

工欲善其事，必先利其器。研究工作，方法很重要。自然科学研究，假设与实验最重要；社会科学研究，调查与实践最重要。研究，并不否定读书的作用。读书是研究的前提和基础。通过查阅文献，我们知道目前认知水平处于什么阶段，达到什么高度，问题和困难在哪里，从而找到自己的研究工作的新起点和切入点。然后，通过实践和实验释疑解惑，纠正错误，发现新的东西，推动人类文明的不断进步。

研究工作是相当辛苦的。然而对于研究者本人来说，也是兴趣所致。他们愿意思考，善于思考，不能不思考。他们"自找苦吃"，同时苦中作乐。对精致的利己主义者、投机分子、思想浅薄的人、市侩和"大老粗"等群体来说，这些人是不可理解的。

喜欢研究琢磨的人，醉心于科学事业的人，一般来说，都是些高尚的人，脱离低级趣味的人，有使命感和责任意识的人。他们追求真理，热爱知识，重视荣誉，总想对人类社会有所贡献。所以，他们总体上是些值得尊重的人。

演讲

　　人是社会动物、政治动物。有思想，有组织，有纪律，有统一意志和统一行动。而演讲是沟通、交流、统一思想和行动的重要方式、方法。

　　演讲，一对多，即一人讲话，众人听。演讲的重要性，取决于演讲的主题和内容。一般来说，重要的演讲都发生在历史的转折点上，发生在重大事件前后。它震耳发聩，影响深远。

　　除了主题和内容，演讲者的技巧包括声调、语气、语速、表情、动作等，也很重要。一个优秀的演讲者，通常也是一个优秀的演员。

　　演讲，是个人才能的展现。台上三分钟，台下十年功。这句话，对演讲是同样适应的。倾盆大雨，电闪雷鸣，云层渐积乃至黑云压城是前奏。演讲是典型的厚积薄发。没有知识，不了解情况，就抓不住听众的心，产生不了共鸣。

　　演讲的力量，源于道义。演讲者必须站在道德制高点上，至少站在听众能理解的、认可的道德制高点上，即代表他们的利益，表达他们的心声，体现他们的意志。即使"他们"是局部的、小数的、片面的，甚至反动的。例如，二战时希特勒的那些种族主义演讲。但是，真正的、经典的演讲，一定是站在人类共同拥有的道德至高点上。例如，毛泽东在张思德同志追悼会上的演讲《为人民服务》。

　　再好的演讲，也要控制时间。适可而止，见好便收。好的演讲，让听众激动不已，意犹未尽；让会场热血沸腾、余音绕梁；让拥护者看到希望，让反对者感到害怕，让缺席者有些遗憾。

　　人人都是演说家。但只有少数人善于晓之以理、动之以情。让别人听他的，跟着他走。这些人天生是领导人、组织者。

演讲与口才，有相同的地方，也有不同的地方。演讲很好的人，通常会被认为口才也不错。实质上，口才还包括辩论时的优异表现。演讲一般是单向的传播，可预先准备；而辩论是双向的、临时的，预先准备不了，需要随机应变，因此，辩论比演讲更考验人。真正有口才的人，既会演讲，又会辩论。

　　在中国文化里，对演讲与口才，有正面的描述，也有负面的评价。口若悬河、滔滔不绝、振聋发聩、醍醐灌顶等，是正面描述；天花乱坠、胡说八道、言而不实、言不及义、废话连篇等，是负面评价。善于演讲的人毕竟是少数，但评价起演讲来，似乎个个都行。只有获得大多数人认可的演讲，才是成功的演讲。对演讲质量、效果的评价，同样适应"大多数人正确"原则。

人文历史

故乡

　　故乡，首先是一个地理概念。一个人出生的地方，童年、少年成长的地方。其次，故乡是一个人文概念。一个安心安全的地方，一个美丽美好的地方，一个充满爱和欢笑的地方，一个祖父母、父母、兄弟姐妹一起生活的地方，一个姑姑、舅舅常来常往的地方，一个魂牵梦萦的地方，一个随着时间推移而物是人非、令人伤感的地方——"近乡情更怯，不敢问来人。"

　　在故乡面前，无论自己年龄多大，永远像个孩子；无论地位多高，出走多远，别离多久，乳名和绰号都在那儿。

　　故乡，在大多数人心中，是纯净的、欢快的、亲切的。故乡的一草一木，与别处的感觉不一样，仿佛都能叫出它们的名字；一山一水，像自己永生的亲人。故乡，由于时代的原因，或别的原因，例如，在鲁迅先生笔下，是灰暗的、凄凉的；在陆游的诗词里，是悠闲的、放松的；在刘邦的歌词里，是骄傲的同时是忧患的；在霸王别姬那一刻，是无颜以对的。

　　"月是故乡明。"思念故乡的诗特别多。如，李觏的《乡思》："人言落日是天涯，望极天涯不见家。已恨碧山相阻隔，碧山还被暮云遮。"高适的《除夜作》："旅馆寒灯独不眠，客心何事转凄然。故乡今夜思千里，霜鬓明朝又一年。"柳宗元的"若为化得身千亿，散上峰头望故乡。"而写得最白、传诵最广的，恐怕是李白的《静夜思》："床前明月光，疑是地上霜。举头望明月，低头思故乡。"在中国，妇孺皆知。

　　思念故乡，有许多理由，如王维的"君自故乡来，应知故乡事。来日绮窗前，寒梅着花未？"但亲人团聚或许是最主要的。袁凯《京师得家书》写得好："江水三千里，家书十五行。行行无别语，只道早还乡。"

离开故乡，或为生计，或为事业。归来，或春风得意衣锦食肉，或行囊空空艰辛依旧。杜牧："稚子牵衣问，归来何太迟？共谁争岁月，赢得鬓边丝？"贺知章："少小离家老大回，乡音无改鬓毛衰。儿童相见不相识，笑问客从何处来。"无论南漂北漂、西游东荡，故乡永远在心中。落叶归根，思乡成疾。故乡情结如影随形，相伴一生。

故乡总是与母亲联系在一起：故乡是母亲的地名，而母亲是故乡的人格化。

故乡是游子的根和魂，是游子一生足迹的圆心和锚。无论贫瘠与富饶、繁华与简陋，故乡都是每个人心中最美的地方。故乡的饭菜最香，酒最醇；故乡的人最亲，语言最风趣。故乡是不能用理智去解释的地方，是可以感情用事的地方。

感应

感应，即第六感，"超感官知觉"（ESP），又叫"心觉""身体觉""神通"。例如，磁感。透过正常感官（视、听、味、触、嗅）之外的管道接收讯息，预知将要发生的事，似乎与人之前的经验推断无关。

天人感应，是古代社会普遍信奉的哲学思想。西方有占星术，中国有天人感应说。自然界与人类社会关联在一起并相互影响是毋庸置疑的。但是否像古人描述的那样玄乎其玄、煞有介事，不敢肯定。

空间感应，或者说人与人之间的感应，尤其是父子、母子等血亲之间的感应是存在的。中国古代"啮指痛心"或"搤臂啮指"就是很有趣的例子。曾参，以孝著称。少年家贫，常入山打柴。一天，家里来了客人，母亲措手不及，用牙咬自己的手指。曾参忽然觉得心疼，知道母亲在呼唤自己，便背着柴迅速返回家中。这种心理感应虽然模糊、依稀，但的确存在。

时间感应，即预感、人对自己未来的感觉，是存在的。福与祸、成与败，甚至生与死，人们都能预感到，尽管不太精准。预感这种功能，牛、羊、猪、大象等动物身上也有，似乎是所有动物天生的、本能的、无师自通的本领。

关于感应，中国民间和文化界都有说法。比如，左眼跳财，右眼跳灾，这是民间说法；比如，云龙风虎，引针拾芥，一点灵犀，同声相应，山崩钟应，水流湿，火就燥，鳌鸣鳖应等，这是文化界的说法。试图在感应与结果间建立联系并上升为规律，即使在科技发达的今天，人们亦乐此不疲。

唯物主义认为，存在决定意识，意识只是被意识到了的存在。感应，即身体表现出的某种预兆，一定存在某些导致感应的蛛丝马迹或客观事实。比如，感觉父母病了，可能因为双方很久未联系。心烦意乱，可能因为过去某些言行得罪了人，或者某些事情处理不妥，后患、隐患开始显现了。要说与经验推断毫无关系，似乎不可思议，有点唯心主义和玄学色彩。

汉语

瑞典人高本汉是一位造诣很深的汉学家。大家可以读一读他的《汉语的本质和历史》。该书从文字、音韵、语法、训诂等方面，对汉语做了深入浅出的论述，得出了许多有价值的结论。

欧洲人和中国人"互不习惯"对方的语言，高本汉指出其中原因，即欧洲语言是多音节的"屈折语"，而汉语是单音字的"孤立语"。在这里，多音节和单音节不难理解。所谓"屈折"，是指欧洲语言中的形态、时态等变化，在汉语的演化中早已被抛弃，遗迹罕见。例如，代词吾、汝，上古用于主格和属格，即"吾"相当于英文中的 I，而我、尔用于与格和宾格，即"我"相当于英文中的 me。看看《论语》中的蛛丝马迹吧——"季氏使闵子骞为费宰。闵子骞曰：'善为我辞焉。如有复我者，则吾必在汶上矣。'"

与欧洲其他语言相比，英语最简洁；而与英语相比，汉语更简洁。现代语言学家承认，简洁是语言进化的结果和先进性表现。离原始语言越近的语言，越繁杂多变，花样细节越多。汉语较早从屈折语向孤立语转变，是进步！

汉字创造的原则有象形、会意、形声、假借。汉语音、形分离。允许方言（字义同而发音不同）、口语存在，同时国家统一的文字语言和标准发音（官话）、文言文也存在。所以，汉语汉字是大一统语言基础，是"和而不同"的语言体系，是具有包容性的杰出语言。而欧美文字以字母为构件，音形一体，即拼写与发音一致。所以他们的母语即拉丁语在各地的方言即构成今天欧洲五花八门的语言，完全与小而分裂的国家存在相适应。由于字母数量有限，字母排列组合也有限，所以欧美文字是可计算的、有限的。相反，汉字的创造是无限的，尽管常用的汉字同常用的欧美文字同样不多。

高本汉对汉语研究的重要贡献之一，是在《说文解字》《切韵》等书籍以及清初学者朴学的研究基础上，整理出汉字的古今音变及其规律（例如，颚化、唇化、同化等）。他的基本方法或者说"构拟"，是从方言、土话中找汉字的音源、音变，从《诗经》等韵母字和中国周边国家相同字义的译音、发声中找佐证。同时，遵循历史语言学上的"失落原则"，于是，我们吃惊地看到，今天完全不押韵的字，高本汉说，过去是押韵的。如，来、里、己、耳、久、得、息、福这八个字，在古诗里全部押韵！

汉语过去没有音标，非现场教发音时或者说书面教发音时怎么办？古人采用 206 个韵母字和 36 个声母字解决这个问题。切，即古代拼音。

每一种语言都有自己的修辞手段，简单地说，就是使用不一样的比喻。欧洲语言如此，汉语亦如此。要真正懂得一国的语言，必须了解这个国家及其文化背景、历史和习惯，生活在他们中间。

汉语存在大量的同音异形字，这是语音简化的结果。同音异形字以及没有时态、形态等变化，构成外国人学汉语极大的障碍。

假借，在高本汉看来，是不幸的。义同而形异，因形而歧义，导致学界注释和理解古籍的混乱、争论、臆测甚至错误，也导致学生阅读古籍的不便和困惑。现代汉语克服了这一点，这很好。高本汉从音变入手，采用构拟，印证和校正了古籍中不少通假字，例如，《诗经》："何福不除"中的"除"，既不是一般理解的清除中的除的意思，也不是朱熹讲的除旧布新中的除的意思，而是"储"的通假字。可见，通假字找准了，意思也就明白了，逻辑也就清楚了。"昏姻孔云"中的"云"，不是"运""说"的通假，而是"芸"（众多）的通假，等等。高本汉的研究方法和结论，让人对许慎、郑玄、朱熹等人的注解产生了极大怀疑。他在逻辑上比他们更胜一筹，在证据搜集而不是臆测上更靠谱。这是非常了不起的！

历史

　　历史属于过去，但过去未必都是历史。历史是从"过去"中筛选出来的，是过去留下的有价值的、有意义的人和事。

　　创造历史的人最伟大。学历史、借鉴历史的人次之。不学历史、不懂历史的人又次之。

　　历史既是客观的，也是主观的。说它是客观的，因为史实必须真实客观，而史实是历史叙述的基础；说它是主观的，因为史料取舍及对其的分析评价因人而异。

　　学史是为了明理、增信、崇德、力行。明理，即读史使人明智。例如，江山就是人民，人民就是江山。公职人员更应该明白这个道理。增信、崇德，即看到古人曾经拥有的辉煌和成就，做过的历史贡献，留下的感人言行。不妄自菲薄，不搞历史虚无主义。力行，即结合实际，立足当下，弘扬优秀传统，学习英模，践行美德，做好人，做能人。

　　历史的价值，并不完全取决于其真实性。当事人的伪装或记忆错误，从源头上损害了历史的真实性。后世史家对史料的取舍及其固有的价值取向，让历史进一步失真。有时甚至会让人感叹：历史充满谎言。孟子说：尽信书，则不如无书。但这并不是历史本身的错误。谎言源于人的两面性，源于利益冲突和权力斗争的需要。

　　历史的价值在于启示，即历史规律的发现和运用；充盈其中的浩然正气；掩盖不住的是非曲直；生生不息的奋斗精神；真善美的强大力量。

　　历史看上去纷繁芜杂，似乎说不清、道不明，像一笔糊涂账。实质上，人心一直没有变，人的本性和心理一直没有变。而这，是理解历史的钥匙；也是理解马克思说的"一切历史都是现代史"的关键。如果存在误解，那也是因为没有弄清楚历史的背景。存在决定意识。在同样的历史背景下，今人这么想，古人也会这么想；反过来，古人那么想，今人也会那么想。历史并没有远去，历史就在身边，就在当下。

历史是座桥梁，连接古今，连接中外。历史是条隧道，把古人带到我们面前，把我们放到过去的恩怨中。历史让我们高兴、骄傲、自信，也让我们悲伤、遗憾、愤怒。历史故事与身边人、身边事对我们情绪的影响没有两样。往事并不如烟，它更像一颗颗石子，时不时激起我们心中的涟漪。

历史给人的印象往往是片面的。以管窥豹、盲人摸象的事司空见惯。只有历史唯物主义和辩证唯物主义，可以摆脱偏见与极端，公正客观、全面系统地看待历史。

"横看成岭侧成峰，远近高低各不同。"立场不同、角度不同、价值观不同，看到的历史也完全不同。书中的历史难免带有主观偏见，体现主观意图，使得历史像乖乖女那样任人打扮。但史书不能偏离常识、公理和铁定的事实，伪书、胡说是没有生命力的。

明人

文章追圣人，谋略赛孙膑。功高封侯伯，身正谪驿丞。官场亦战场，何须鬼登堂。物理存于心，万事掌控中。——论王阳明

陈湛内求理，康梁开风气。代有人才出，谁说蛮荒地？——论陈献章

都说严嵩奸且猾，何期儿死并抄家？不责朝纲责同僚，无非媚上不如他！——论严嵩

残元不可仕，开国随太祖。太祖好猜忌，夺禄归老屋。在朝不结党，居家遭人毒。旅夜无愁喜，长门怨自无。县官催畦桑，黎民寒夜哭。病妇怜儿小，美人求幸福。安得如列子，不敢过姑苏。——论刘伯温

朝廷病何在？闾阎贫切骨。既悲白杨行，又叹风雨怒。空有恻隐心，愧无富强术。哀哉五千年，生民不果腹！——论李东阳

粉骨碎身浑不怕，惟惧皇室乱如麻。才为郕王挽社稷，谁料君昏臣奸诈。白云成雨知归山，儒道何日真分家？清风两袖朝天去，铁胆忠心任糟踏！——论于谦

争斗原本朱家事，但为名分怒掷笔。可怜八百七十三，孽债终有偿还时。——论方孝孺

人生最难是独行，敬畏二字藏心中。吟诗编剧且为乐，穷达寿夭天注定。——论汤显祖

早知无地可埋忧，应悔当初携伎游。古今多少伤心事，留作后人复哀后！

既作悲悯小车行，又学明妃一掷轻。倘使为政不为民，死节千次亦何用？——论陈子龙

亡国不思所以亡，有心抗争无力撑。可怜青春付死忠，错把南明当希望。——论夏完淳

国是岂能分男女①，但为天下苍生计②。太祖矫枉亦过正，巾帼何曾让须眉？——论后妃③

身为青丘婿，自号青丘子。旧宅书和酒，荒园桃与李。不敢当重任，何必复旧基。幼女尚痴小，遗稿付与谁？——论高启

乡试举解元，会试蒙奇耻。宁王有异心，佯狂回故里。写就青山卖，一日当两日。功名何足道，至今入古戏！——论唐伯虎

黄沙暗京城，山水江南清。书画甲天下，不入三人门。——论文徵明④

鞑靼犯北边，倭寇扰东南。都护归田里，大明谁设防？——论戚继光

文名著乡里，屡试屡失意。遗稿难佐证，西游犹存疑。——论吴承恩

不作圣人作异人，平生最恨假不真。剔肤见骨道学劾，焚书割喉有公论。——论李贽

身正悯忠贞，才高一世雄。苦无济世策，空有恻隐心。——论王世贞

本为状元郎，尊享富贵乡。不辞滇海飘，偏要忤君王！——论杨慎

---

① 明太祖鉴前代女祸……谕翰林学士朱升曰："……后妃虽母仪天下，然不可俾预政事。"
② 马皇后（太祖）："陛下天下父，妾辱天下母，子之安否，何可不问？"徐皇后（成祖）："吾旦夕侍上，惟以生民为念。"张皇后（仁宗）"中外政事莫不周知。"
③ 《明史》《列传第一·后妃》。
④ 文画不赠王府、太监、夷狄。

文人

西蒙·罗德里格斯说："两类疯子：一类总是打仗，另一类总是阅读。"而且，双方误解深，隔阂大。西蒙这段话，是针对拉美独立战争时期的两类人说的，是为玻利瓦尔辩护时说的。纵观历史，文武双全如玻利瓦尔者不在此列。

文人最大的优点是正直、善良。那些阿谀奉承、投机取巧的人并不是真正的文人；文人最大的不足是坐而论道，言胜于行。

文人的眼光很独特。他们善于从平凡中发掘意义；从繁华中感觉落寞。

文人相轻，这话片面。同性相斥，只要有竞争，相互贬损是必然的，非独文人。

文盲与文人相处易，而文人与文人相处难。因为文人比文盲更敏感、更挑剔。

与其说文人心眼多，不如说文人敏锐，自尊心强；与其说文人好卖弄，不如说文人好为人师，虚荣心重。

文人有信仰则意志坚强，有组织则力量无穷。士别三日，当刮目相看！

文人自我，自称书生。神游古今，俗谓呆子。

大文人总是先于作品而生，后于作品而死。屈原、陶渊明、李白、杜甫、鲁迅、莎士比亚、巴尔扎克、莫泊桑、托尔斯泰等，永远活在读者的心中。

伊索

伊索是古希腊人，60 岁被害，其后 9 年，孔子诞生。与孔子一样，伊索出身卑微而才智过人。《伊索寓言》至今脍炙人口，小故事大道理，假故事真道理。所谓不朽者，此类人和事也。

伊索寓言的风格始终如一。不是夹叙夹议，而是先叙后议，即先讲故事，最后画龙点睛，将包含在故事里的人生哲理点出来。

伊索讲的道理并不复杂，也不深奥。有一定人生阅历的人，或许都遇到过、体味过、感受过。比如，谦卑受益（《两只打架的公鸡》）、贪多反损（《叼着肉的狗》《苍蝇与密》《寡妇与母鸡》）、保持与人的距离（《老鼠与青蛙》）、本性难改（《农夫与蛇》《小鹿与它的父亲》），虚假的人、反复无常的人、背信弃义的人、毫无益处的人、不能共患难的人不可交（《马与马夫》《人与森林之神》《山鹰与狐狸》《病鹿》《朋友与熊》）等。

伊索讲的道理并不深奥，却很深刻。比如，《狼与小羊》讲，对恶人做任何正当的辩解都是无效的；《公牛与车轴》讲，那些叫得特别响的人往往干活少，而那些不吱声的人往往承担着全部重量；《熊与狐狸》适用于生活中那些假装善良的恶人；《田鼠与家鼠》讲，人们宁愿过简单平稳的生活，也不愿享受那充满恐怖的欢乐生活；《狗、公鸡和狐狸》讲，聪明的人临危不乱，巧妙而轻易地击败敌人；《狮子与报恩的老鼠》讲，强者也会有需要弱者的时候；《牛和蛙》讲，渺小无论如何也不能与伟大相比；《乌龟与鹰》讲，好高骛远、不切实际的人必将失败；《乌龟与兔》讲，奋发图强的弱者也能战胜骄傲自满的强者；《狐狸与樵夫》适用于那些嘴里说要做好事，而行为上却作恶的人；《兔与青蛙》讲，不幸的人往往会以他人的更大的不幸来聊以自慰；《猫和鸡》讲，对于敌人不要抱有任何美好的希望，否则将遭受更大的不幸；等等。真是发人深省。

伊索寓言，或将动物行为人性化，或将日常生活故事化，且十分自然。没有穿凿的感觉，没有荒唐的印象，仿佛真有其人其事其言似的。

伊索寓言不仅数量多，而且质量高。每一篇都可以入选教科书。故事短小精悍，情节扣人心弦，语言生动流畅，启示终生难忘。

万变不离其宗。伊索寓言这一篇，那一篇，归根到底都是在教人如何做人做事，如何嫉恶扬善、弃恶从善。

伊索实实在在在教育人，但你不感觉到被教育。"随风潜入夜，润物细无声。"这是伊索的高明之处。

伊索的想象力无边无际。他是动物的知音、人类的导师。他把动物写活了，把人写透彻了，把严肃的主题教育写轻松了，把复杂的、抽象的道理写得生动具体、通俗易懂。

伊索，不是一个人，而是一个时代、一股潮流。一个简单、纯朴的时代，一股崇善、向上的潮流。这个时代和潮流，代表人类的正能量和发展方向。

中国也是一个寓言大国。夸父追日、精卫填海、愚公移山、刻舟求剑、中山狼……完全可以媲美伊索的寓言故事。对待这些寓言故事及其传递的思想成果，正确的做法不是夜郎自大，而是汲取其中的先进文化。所谓海纳百川故能成其大是也。

不同的人，读伊索寓言，有不同的感受。做银行的人，读《狼与鹭鸶》，仿佛找到了知音："狼误吞下了一块骨头，十分难受，四处奔走，寻访医生。它遇见了鹭鸶，谈定酬金请它取出骨头，鹭鸶把自己的头伸进狼的喉咙里，叼出了骨头，便向狼要定好的酬金。狼回答说：'喂，朋友，你能从狼嘴里平安无事地收回头来，难道还不满足，怎么还要讲报酬？'这故事说明，对坏人行善的报酬，就是认识坏人不讲信用的本质。"经营银行，KYC（Know Your Customer，充分了解你的客户）十分重要；监管金融，征信和惩戒十分重要。可以说，对坏人贷款的报酬就是认识坏人不讲信用的本质。

尼采

痛苦的原因多种多样。尼采说："愚昧无知是一切痛苦之源。"他说对了一方面。另一方面，正如庄子说的，混沌本来是没有痛苦的，日凿一孔，七日而死——知识也可以成为痛苦之源。

尼采对男女都怀有偏见。"男人骨子里坏，女人骨子里贱。"如果把打情骂俏、男欢女爱都看成坏和贱，那只能怪自己的心理和身体出了毛病。

尼采说，完全不谈自己，是虚伪。"常常谈论自己的人，往往只是为了隐藏自己"，是伪装。即正常的人，有时谈自己，有时不谈自己。比如，谈问题时，要把自己摆进去；谈成绩时，不要忘了别人。可惜，推卸责任者有之，贪天之功者亦有之。

真实，往往不假思索，脱口而出。所以，尼采说："当心！他一沉思，就立即准备好了一个谎言。"当然，没有这么绝对。如果他思索的是自然现象，思索的人和事与他的名利无关，他准备的十有八九不是谎言。

感情和行为的确存在区别，所以，尼采说："人可以控制行为，却不能约束感情，因为感情是变化无常的。"但二者不是不能统一的。因为人的行为都带着感情，人的感情是行为在意识中的反应。某些感情或邪恶意识不能转化为行为，人不能为所欲为，是因为心存敬畏。行为可以约束，感情也可以克制。

无论学习还是工作，无论从政、从商还是从艺，目标都很重要。有的放矢，才不至于劳而无功。"无选择的求知冲动，犹如无选择的性冲动一样——都是一种下贱的本能！"尼采看重目标，话粗理不粗。人生精力有限，四面出击，必然四面楚歌，一事无成。

学问是严肃的事业，科学来不得半点虚假。尼采说："如果你想走到高处，就要使用自己的两条腿！不要让别人把你抬到高处；不要坐在别人的背上和头上。"有些人不择手段，弄虚作假，头衔很多，帽子很高，但得不到人们发自内心的尊重，原因就在这里。

孔子说："德不孤，必有邻。"从这一点说，尼采宣称"一切孤独皆是罪过"是有道理的。然而，百年孤独，与生俱来。前世若有爱，如何独自来？今生若有情，如何独自去？

人与人相处，最忌太敏感、太计较。古人说，难得糊涂。尼采说："无需时刻保持敏感，迟钝有时即为美德。尤其与人交往时，即便看透了对方的某种行为或者想法的动机，也需装出一副迟钝的样子。此乃社交之诀窍，亦是对人的怜恤。"大大咧咧的人往往更快乐、更幸福。

在尼采那儿，堕落是自我毁灭，自取灭亡。"当某一动物，某一种族或某一个体失去其他种种本能时，当它选择以及当它偏爱对它不利的东西时，便称它为堕落。"例如，吸毒、纵欲、赌博，都属于"对它不利的东西。"选择和偏爱这些东西，无疑是"堕落"。

鲁迅

鲁迅是一个充满矛盾的人，既自卑，又自傲。自卑，以《阿Q正传》为例，"这足见我不是一个立言的人"；"但文豪则可，在我辈却不可的"；"要做这一篇速朽的文章"；"但从我的文章着想，因为文体卑下"等，尽管带有调侃的味道。自傲，鲁迅是真不把"阔人"放在眼里的！"老实说，便是叫我一天比一天的看不起人。"

鲁迅先生是讽刺与幽默大师。博雅的茂才先生被讽刺，有历史癖和考据癖的胡适之被讽刺，所有自尊、自负、忌讳、愚昧、诛心、欺侮弱者、精神胜利从而永远得意的人如阿Q被讽刺……在一个民穷国弱的时代，"苍黄的天底下，远近横着几个萧索的荒村，没有一些活气。我的心禁不住悲凉起来了。"什么都看不顺眼，什么都嘲讽一番，做得不一定对，但也可以理解。

鲁迅是富有同情心的，同时又是愤怒的。"哀其不幸，怒其不争。"鲁迅的心理是典型的文人心理。与孙中山、毛泽东等革命家相比，他缺乏领导力和行动力。革命从来不是自发的、自然的、自动的。阿Q、王胡、小D、祥林嫂、吴妈、赵白眼、赵司晨、孔乙己、吕纬甫、杨二嫂、闰土、车夫、华老栓、九斤老太、单四嫂子、顺姑娘……他们既没有自救意识，也没有改变自己命运的能力。哀，不如教育、启发；怒，不如组织、动员、斗争。

鲁迅的幽默是冷的、细微的、深刻的。未庄的人把自由党叫柿油党；假洋鬼子自称："我是性急的，所以我们见面，我总是说：洪哥！我们动手吧！他却总说道No！——这是洋话，你们不懂的。否则早已成功了。"阿Q"他便知道这人一定有些来历，膝关节立刻自然而然的宽松，便跪了下去了。"真是惟妙惟肖，栩栩如生，让人忍俊不禁，同时又发人深省。

鲁迅对中国国民性（事实上大部分是人性）的了解、描述和抨击，可谓入木三分、无与伦比。但同时，鲁迅对中国人的自信心的打击前无古人且精准无比。"中医不过是一种有意的或无意的骗子。"万里长城"这伟大而可诅咒的长城！""汉字不灭，中国必亡。""因为汉字的艰深，使全中国大多数的人民，永远和前进的文化隔离，中国的人民，绝不会聪明起来，理解自身所遭受的压榨，理解整个民族的危机。"京剧，鲁迅十分厌恶；玉皇大帝，除了惩罚法海一事外，鲁迅对其"腹非"颇多；如此等等，现在看来，类似言论和做法不仅是极端的激进的，也是完全错误的。中国先前是"阔"过，不是吹的；未来也是可以复兴的、发达的，不是幻想。只要奋斗，没有什么目标遥不可及。文化是辩证的、包容的和复杂的。中华文化有导致贫弱的糟粕，也有催人奋进的精气神。不能因为国家一时贫弱，就妄自菲薄、全盘否定。

鲁迅的笔像一把解剖刀，条分缕析，直插人心人性。"都一样""差不多"先生方玄绰"挟带私心的不平"；老子和孔子"譬如同是一双鞋子罢，我的是走流沙，他的是上朝廷的。"假道学四铭"你只要去买两块肥皂来，咯吱咯吱遍身洗一洗，好得很哩"！"窃书不能算偷"的孔乙己是站着喝酒而穿长衫的唯一的人……鲁迅的杂文更是刀刀见血。然而，他终究找不到出路，也只能"希望"：走的人多了，也便成了路。所以，多数情形，鲁迅的笔下，风景凄清，天气阴晦，神情悲凉，氛围凝重。

鲁迅小说、文章的时代背景，基本上处在新旧变革年代，即从帝制走向共和阶段。正像《祝福》中说的："一见面是寒暄，寒暄之后说我'胖了'，说我'胖了'之后即大骂其新党。但我知道，这并非借题在骂我：因为他骂的还是康有为。但是，谈话是总不投机的了。于是不多久，我便一个人剩在书房里。"在这样一个时代，有如鲁四老爷守旧的，有如瑜儿拼命革新的，有像赵七爷投机的，有像阿Q懵懵懂懂糊里糊涂的，更有像闰土等"都苦得他像一个木偶人了"的芸芸众生。真是有血有肉，纷繁复杂，场面宏大而刻画精细。

　　鲁迅小说中人物的命运和结局安排，体现了鲁迅的人生追求和价值取向：痴迷于科举的陈士成投河自杀了，沉迷于精神胜利的阿Q不仅断子绝孙而且被枪毙了，寄望于中医的寡妇单四嫂子的宝儿病死了，死要面子的文人孔乙己双腿被打折了，迷信形灭神不灭有鬼有阴司的祥林嫂做了乞丐穷死了……这些人物这般悲惨的命运和结局，一方面是20世纪上半期中国社会悲剧的缩影和生动例证，昭示了鲁迅先生悲天悯人的情怀，另一方面，鲁迅先生心存"希望"，即希望这样的悲剧人物及其身上的愚昧、麻木、软弱等缺陷，到此为止，不要继续下去了！

沈复

　　沈复生于 1763 年，正好比我早生 200 年。他的《浮生六记》（闺房记乐、闲情记趣、坎坷记愁、浪游记快、中山记历、养生记道）久负盛名，历久弥香。1935 年，林语堂将该书译为英文并称女主角陈芸"是中国文学上一个最可爱的女人。"荣幸之至，我与沈复的后人还做过邻居。

　　沈复生逢太平盛世，长在"衣冠之家"，居苏州沧浪亭畔。敏于观察体悟，勤于笔记叙事。苏东坡说，事如春梦了无痕。可沈复笔记皆"实情实事"，故可资乾嘉时经济社会风土人情之研究。如，芸"生而颖慧"，然家徒壁立。已长，娴女红，"三口（加母亲和弟弟）仰其十指供给。"可见，男耕女织年代，苏州商品生产和交易之盛。又如，吴地谚云："处家人情，非钱不行。"沈在"坎坷记愁"中称，连年无馆，开一书画铺于家门之内，"三日所进，不敷一日所出"。可见，卖画求生之艰。再如，"浪游记快"中称，广州招湘、豫等外省妓女，"一夕之欢，番银四圆而已"。五百金能赎身纳妾，可见，广州内外开放之大之早。

　　沈复自称："余暗于案下握其腕，暖尖滑腻，胸中不觉怦怦作跳。"实为纯真年代金童玉女之感觉！一般情况下，感觉与感情相关。感觉没了，感情也就淡了或者双方都老了。

　　沈复评价芸"事上以敬，处下以和，井井然未尝稍失。"一个女子嫁入人家，敬和自然，可见其心地善良，通达智慧！今天，有人不会处关系，关键在对上不敬、对下不和，过于自我也！

　　沈复"闺房记乐"名副其实：所记多高兴的事。下面一段记的是夫妻误会及其消除过程，可谓意外——

　　　　余性爽直，落拓不羁，芸若腐儒，迂拘多礼，偶为披衣整袖，必连声道

"得罪"，或递巾授扇，必起身来接。余始厌之，曰："卿欲以礼缚我耶？语曰，'礼多必诈'"。芸两颊发赤，曰："恭而有礼，何反言诈？"余曰："恭敬在心，不在虚文。"芸曰："至亲莫若父母，可内敬在心而外肆狂放耶？"余曰："前言戏之耳。"芸曰："世间反目多由戏起，后勿冤妾，令人郁死！"余乃挽之入怀，抚慰之，始解颜为笑。自此"岂敢""得罪"竟成语助词矣。

古人讲，夫妇之道，在相敬如宾，举案齐眉。又说，人生若只如初见，何事秋风悲画扇。一个字，敬。敬，既要发自内心，也要注重形式。近而不逊，大忌也。玩笑话也不能随便说呵！

芸之可爱，在其智商情商，更在其人生观，亦即"不昧今生"也。芸重情而识趣，热爱生活。如，布衣菜饭，可乐终身。如，女扮男装，出门游玩！如，游太湖，"得见天地之宽，不虚此生矣。"如，不辩误解，忍隐。

沈复"闲情记趣"，内有童稚趣，盆栽趣，诗酒趣，园亭楼阁趣，金石书画趣，郊游野餐趣。"小景可以入画，大景可以入神。"总之，追求美，创造美，享受美，内赏于心而外悦其目，让生活更美好、更快乐，做"烟火神仙"，贵乎心得。

所谓"浮生"，作者自谦而已。沈复、陈芸及其朋友圈，真实、洒脱、自我、自然、自在、纯真。"如梁上之燕，自去自来。"真正不负此生。从其"四忌""四取"可见一斑：忌谈官宦升迁、公廨时事、入股时文、看牌掷色；取慷慨豪爽、风流蕴藉、落拓不羁、澄静缄默。

《浮生六记》第三记"坎坷记愁"，包括芸受的委屈及其公婆的误会，沈氏大家庭的内部矛盾，遭人愚弄，罹患血疾，夫妻颠沛流离，失业等，令人掩卷叹息。然夫妻相爱、朋友相助，又令人感动泪目！

沈在"浪游记快"中，除记山水游乐，牛背狂歌，沙头醉舞外，还有一大段文字记其广州招妓，说自己专一，同伴"今翠明红"，甚至一次招二。余读至此，殊为作者可惜、丢脸！自称情痴情魔情笃而公然坦然寻花觅柳，不虚伪和自相矛盾吗？四个月花了"百余金"，却夜逃五十金担保责任，不可耻吗？

齐白石

从齐白石身上可以看到，近现代湖南人不仅会打仗，还会搞政治，也会搞艺术。"惟楚有材"，虽然有点吹，但也不至于无边无际。

齐白石成功，原因很多。其中，法乎其上，以古今艺精者为师是重要一条。他有一首诗这样写道："青藤雪个远凡胎，老缶衰年别有才。我欲九原为走狗，三家门下转轮来。"徐渭、吴昌硕、朱耷之画，能纵横涂抹，下笔如有神，白石自谓"余心极服之"。在齐白石那里，文人相轻、同性相斥的恶习是没有多少的。这也再次说明，只有站在巨人的肩膀上，才能看得更高、更远、更宽。

绘画无非借用线条、颜色、图像、明暗、浓淡等手法，"写照""张神"而已，贵在"要自己画出自己的面目"（齐白石语）或"画吾自画"（陈师曾语）。所以，观察写生、思考寓意十分重要，创新、求变十分必要！形神俱备，写生写意兼顾，妙在似与不似之间。

世人都道齐白石的画好、造诣深，而齐白石自称：他的"诗第一，印第二，字第三，画第四。"这是怎么回事呢？我理解，诗是画之魂，先有诗情而后有画意。"画家胸中常有诗"（郭沫若语）；雕刻是绘画之基，刀功与笔力相得益彰；字，重在结构、黄金分割、整体布局和下笔轻重、缓急，书法看似简单，实难于绘画。

从刘人岛先生的《齐白石传记》看，第一，绘画天资天赋天才是有的。齐七岁时，在无人指导下画雷公、画村夫，乡人奇之。第二，兴趣爱好很关键。乐业胜过敬业，更胜一般就业。第三，结合实际、独立思考太重要。齐白石小时候读《论语》，能对照现实，看到儒门虚伪的一面。第四，从芝木匠到世界文化名人，齐白石用一生证明了"一切皆有可能"这句箴言。第五，齐白石并不是横空出世的，而是在周之美、胡沁园、陈小藩、王湘绮等湘潭文化名流的熏陶下逐步成长起来的。第六，只有根植于人民，锅里煮文章、煮画都是可能的，画人见过的、喜爱的，人民即市场。第七，读万卷书，行万里路。"胸中富丘壑，腕底有鬼神。"绘画须"得江山之助"。第八，画上乘，亦需知音、名人推荐和夸赞。樊樊山、陈师曾、梅兰芳等人，皆于齐白石有知遇之恩。第九，专心致志于艺术，不为官爵禄位等所诱所惑。

齐白石论艺，充满艺术辩证法和实践论。写生，调色，重实践；形与神、写生与写意、线条粗与细、配色、继承与创新等，讲辩证。

齐白石木雕，简洁明快，布局大方，刀功深厚，人物栩栩如生。齐白石国画，形神俱备，粗细自如，大写意与工笔画并用，色彩悦目。肖像画，端庄善良；动物画，活灵活现，虫鸟精微之至。山水空旷，天地人和，宁静致远。偶有不适者，黛玉过胖、秋荷紫藤太满也。

张大千

张大千，这位被徐悲鸿誉为中国画史"五百年来第一人"的大师，祖籍广东，出生于四川，比齐白石小 36 岁，二者算两代人了，然蜚声中外一也，所谓"南张北齐"，实中国画坛之盛事、幸事！

张大千颇富传奇，有画中李白、画仙之称。少而习画，家学渊深源远。曾出家百日，法号大千。姻缘亲情，悲欣交集。东张西毕（毕加索），享誉海内外。临摹水平之高世所罕见。

大千之画，工写结合，水墨一体。泼艺尤为高超自然，聚焦精准精细。意境深远，画面开阔，构图大方舒适。在继承中创新，师古而不拟古，学人而不效颦。

随着年龄增长、阅历增加，变化的不只是身体和思想认识，也是画风。这一点在张大千身上表现得特别明显。而立之前，大千的画清新俊逸，像个小伙子。到了中年，大千的画瑰丽雄奇，像个男子汉。花甲以后，苍深渊穆，似乎饱经世变。至于暮年，气质淳化，笔简墨淡，从心所欲，简直出神入化。

张大千的山水画，清新纯美，意境深远；虚实结合，工写并用；山水一体，云天一色；人与自然和谐，人在山水怀抱中，山水在人心坎里。布局合理，画面诗意盎然！

大千笔下，佛相庄严、慈悲，线条功夫了得；女子贤嫚秀美，和善优雅，色温而彩纯，画笔起落有度。

绘画艺术源于生活，而又高于生活；反映客观世界而又包含画家的主观意图。因为源于生活，反映客观世界，所以，明察秋毫、见藐小之物必细察其纹理，是画家的基本功、必修课。"高"，而不至于荒谬；"主观"，但尊重常识。这一点，张大千不如齐白石老人之细且实，乃至让他指出其《绿柳鸣蝉图》蝉头朝下之无稽谬妄！

不同的画家，风格不一样，擅长的地方也不一样。但观众对美的追求、对杰作的看法是一样的：赏心悦目，看着舒服！经看耐看，越看越好看！友善、亲切，主题积极向上，有亲和力！张大千的画是符合这些欣赏标准的，因此，大多属名画。

走南闯北

北京

    北京，华北平原北端，燕山脚下。四季分明，气候宜人。历史悠久，文化厚重。得天时地利人和，龙盘虎踞，地位尊崇。此京城老少自视高人一等之缘由！亦全国尤其是黄河以北地区人鱼贯而入之动因！

    老北京人，或者说，某些胡同里的北京大爷，说话卷舌，中气十足，口气不小：得！什么场面没看过？什么故事没听过？什么饭店没进过？什么官员没瞅过？上下五千年，纵横八万里。无师自通，无权自尊。普天之下，莫非王土。率土之滨，莫非王臣。四海之内，唯我独尊！

    东北女性爽快，西北女性朴实。岭南女性勤劳，江浙女性智慧。两湖女性要强，北京女性大气。

    北京文物古迹众多，尤以明清为盛。故宫，美轮美奂；颐和园，山水相连；天坛，庄重肃穆；长城，气势恢宏；王府井，熙熙攘攘；香山，枫丹白露；法源寺，腥风血雨；卢沟桥，晓风残月……生活在北京，是幸福的。三千年建城史，八百年建都史，耳濡目染，不亦乐乎？

    城里的孩子比农村孩子经历的艰难困苦少，懂事晚。而北京的孩子又比其他城市的孩子懂事更晚。他们出身优越，综合素质高，但用功不够；为人忠厚，待人诚恳，不爱也不会算计，大大咧咧，乐观豁达。

上海

上海得天独厚。地处长江出海口，西向腹地甚深，像龙头；南北辽阔，羽翼丰满，如鲲鹏展翅。上海人杰地灵，天下尤其江浙才子佳人聚集，享誉中外。

上海成功，在人才。第一，上海人好学，有底蕴；第二，上海人认真，丑话说在前面，不食言；第三，上海人以国际标准为标准，走在前列；第四，上海人好面子，进取。给别的地方政策，能带来进步；给上海政策，能产生飞跃。

上海人个性鲜明，常常被人误解、曲解。比如，上海人崇拜强者，看不起弱者，外地人认为这太势利；上海人节俭，不浪费，外地人认为这太小气；上海人认为给客人自由是尊重，外地人认为这太冷漠；上海人喜欢亲兄弟明算账，外地人认为这太计较；上海人做事精益求精，外地人认为这是刁难。

上海人热爱生活，也会生活。即使在困难时期，上海人也尽量体面地生活。他们爱整洁，非常讲究生活品质和品位，努力创造温馨的生活氛围。他们靠勤劳和智慧改变困境，很少走歪门邪道。

上海的城市建设，一草一木，一砖一瓦，体现的是"绣花功"。天际线，放眼望去，有层次感和画面感，错落有致。单体建筑，像一件件艺术品；整体建筑，平衡协调。真是各美其美，美美与共。

上海人好读书，胆小，守规矩，所以，指望上海人敢闯敢干，杀出一条血路，不太可能。但是，交给他们什么事，或者授权他们做什么，完全可以放心！

上海尊重历史，在保护文物古迹方面，舍得花钱。既善于打造新的片区，如陆家嘴；又注重修缮老街区，如外滩。将城市的新活力与厚重感有机结合，并行推进。

上海大学多，而且，名声在外，学术功底深厚。睁眼看世界，国际化更明显。

上海郊区及江浙一带村庄，多傍水而居，星罗棋布。穿衣戴帽，整齐划一。看得出来，政府用心，百姓齐心，游客舒心。

上海及江浙一带人，勤劳、节俭，事业心强，好琢磨，最符合资本精神，所以，最容易产生富商巨贾。

天津

天津的历史有几个节点、亮点：一是汉武以后盐产重地；二是隋唐以后漕运中枢；三是朱棣以后正式定名并筑城设卫；四是清末直隶总督驻地和北洋基地；五是京城门户，但多次被外敌攻占。

天津卫，三宗宝，鼓楼、炮台、铃铛阁，属传统中国遗产，有故事、有底蕴；而五大道、法国桥等，是租界文化产物。

天津老城，又称算盘城，象形。传说"北门富，东门贵，南门穷，西门贱"。真是物以类聚、人以群分。同时，也说明城市发展不平衡不充分的矛盾一直存在着。

城市道路命名比较乱，全中国没有统一的做法。天津的道路及其命名比较规范：与海河（西北东南向）平行的叫路，垂直的叫道，少数有点历史的、老城遗留下来的叫街。路常冠省名，道常冠市名。在北京，既有东西方向的长安街平安街，也有南北方向的长椿街府右街，还有几环路。在济南，常以经纬加数字命名街道。

引滦入津，结束了天津人民喝咸水、苦水的历史，功德无量。饮水思源，人民子弟兵贡献最大！人是要有点精神和信仰的。放在资本主义社会，引滦入津，不知要投入多少资金！然而，1982年5月至1983年9月，战士们用双手和生命完成了这一壮举。

天津是北方的港口城市，出海口之一。中国经济重心南移从而南北失衡，很危险。振兴华北，天津义不容辞。城市是周边地区经济社会发展的集中反映，而周边地区是城市中心辐射带动作用的结果。两者相辅相成、相得益彰。天津要发力，周边也要发力。

政府与市场，是经济社会发展的两只手，两手都要硬，十个手指弹钢琴。在中国，南部地区市场之手硬于政府；北部地区政府之手硬于市场。相应地，南方的优点是有活力，缺点是统筹不够，有点乱；北方的优点是统筹能力强，缺点是市场活力不够。平衡比较好的地区是上海和江浙、福建、广东深圳。天津是北方重镇。城市规划建设和社会秩序等有政府身影的地方，是不错的。但民间活力、市场动力明显不足。民企没有起来。所以，天津的经济实力与其直辖市的政治地位是不相称的。GDP 才是深圳的一半！天津要充满活力、持续发展，必须扩大对外开放，进一步吸引外资企业和项目，同时鼓励民营企业发展，创造市场氛围浓厚的营商环境。

天津是有文化的地方，而且地域色彩浓郁。因势利导，雄起可待！天津人急公好义，有"津门虎"之说，说明集体主义有土壤；南开大学、天津大学等名校集聚，说明科技和教育精神是有的；天津人豁达幽默，似乎没有克服不了的困难；天津人文化多元，中西兼容，秩序井然；泥人张、风筝魏、刻砖刘等，让天津人的生活妙趣横生。

从古人写的一些诗歌中，也知天津的一些特点。如，"北尺高楼拱帝庭"，天津是北京东南门户；"千里帆樯天远近"，天津曾经是海运漕运中枢；"千里清香上御厨"，"万舰吴粳入贡新"，言南粮北运中转于天津的盛况；"一抹疏林万点烟，渔人网集乱汀前"，言天津湿地多，河网密，滨海水产丰富；"捕蝗之蝗甚于蝗"，"凭楼起长叹，谁有救时谋"，言天津也曾吏治腐败、民生艰辛。

深圳

40 年，深圳从一个小渔村发展成中国乃至世界一流城市，实属人类城市建设史上一大奇迹，亦属中国改革开放巨大成就之生动例证。

深圳的成功，在一张白纸，没有历史包袱和瓜葛；在一批新人，愿意抛家舍业，跟市场经济走；在一位老人，即邓小平同志，毅然决然画了一个圈，创办经济特区，给些特殊政策；在一座城市，即香港的资金、人才和经验、技术；在一批体力劳动者，他们奉献青春乃至生命。

深圳，是全国的深圳。深圳人来自五湖四海，说普通话，不说地方话。深圳的很多机构在特性上超出了区域的范围，呈现出"全国性"的特点。比如，证券交易所、平安集团、招商银行、腾讯、华为等。深圳毗邻香港，有钱有人有想法。深圳的全国性特点和区位优势，是它作为经济特区一枝独秀的重要原因。珠海、汕头、厦门都不具有这一特点和优势。深圳虽位于广东省，但文化、机制、观念，作风，一开始就与其格格不入。既不是客家文化、潮汕文化，也不是广府文化，而是完全新型的国内移民文化。在那儿，基本上找不到土著文化痕迹。

深圳是党和国家的得意作品，港人商业新战场，年轻人的梦工厂，内地能人的舞台，创新企业的温床，改革的实验地，开放的前沿。深圳是一碗烩面、一个拼盘。同时，它将全国各地人的优点集合在一起，一并发挥作用了。

作为一个移民城市，深圳敢闯敢干，特色鲜明。深圳优点突出，缺点也很明显。比如，富而骄，瞧不起穷人；不知足，财富与期望总是有距离；拜物教，误以为金钱万能；浮躁，内心难以宁静，知名文化学者屈指可数；自信乃至自负，个人主义泛滥。

在中国，深圳是快速发展和高质量发展的典范。但是，对比国际经典城市建设，深圳仍有许多不足。比如，规划人口过低，以至于现在街道偏窄，空间少，拥挤；不够长远，留下一批城中村，成为城市疮痂；建筑没有特色，也不太美，放眼望去，像一片水泥林；地下管道建设标准低，年年开挖，遇上暴雨还有人员伤亡；科技型企业虽然多，但原创的少；创业成功的人多，骗子、罪犯也不少；经济建设成果丰硕，文化建设却相对滞后；司法介入企业竞争与经济纠纷，时有偏袒，政商勾结案件多。

深圳有不少杰出的民营企业，它们成功的原因在于：找市场不找市长；相信市场规律，不相信潜规则；靠技术和服务吃饭，而不是靠关系和补贴过日子；舍得给钱，重金之下必有能人；明白政治，但不参与政治；创始人德才兼备，德高望重。有理想、有情怀、有毅力。走正道，下苦功。富不骄，败不馁。始终走在时代的前列。

深圳人在莲花山上为邓小平同志塑像并经常参拜，说明深圳是一座知道感恩的城市。但是，成千上万的农民工不能忘，人民创造历史的信念不能忘，特别是那些为深圳发展献出宝贵生命的人，也应该纪念；那些身患尘肺病等职业病的民工，更应该救治、救济。只有这样，深圳才能真正称得上是一座感恩的城市，一座有责任心和良知的城市。

粤港澳大湾区建设，重在规则对接。所以，这对广东是一次重大机遇。问题是，谁对接谁。不言而喻，港澳的营商环境、商事制度等，应该说目前好于内地。所以，主要是广东对接港澳。而深圳近水楼台，对接起来最方便最有效。要是明白这一点，并抓住机遇，深圳再上一个新台阶指日可待。

济南

　　集山、泉、湖、河、城为一体，而以泉闻名于世者，唯济南而已。元好问讲："有心长做济南人"，足见济南自古美丽宜居。济南是新石器时代龙山文化（黑陶文化）发祥地。出土文物之一陶鬲，艺术性与实用性高度统一。济南建城 2600 余年，行政区划呈人字状。舜、扁鹊、秦琼、李清照、辛弃疾、王尽美、邓恩铭等名人辈出。齐长城、曲水亭等古迹古韵至今犹存。"曲山艺海"享誉中外。拥有世界上最早的商标，即北宋济南刘家功夫针铺的"白兔捣药"。济南可谓名副其实的国家历史文化名城。不过，像中国其他古城一样，以高楼大厦为标志的所谓现代化，早已盖过这种历史气息和文化氛围。人多、车多、噪声、污染……给人印象更深。

　　济南又称泉城、水都。泉，历代题咏和记述不胜枚举，其人文属性和知名度越来越强、越来越高。宋·曾巩说："齐多甘泉，甲于天下。"《老残游记》中称济南"家家泉水，户户垂杨。"用泉水泡茶、煮咖啡，味道清纯无比，没有丝毫杂质感。墨泉、黑虎泉、贤清泉等，皆因水至清而名。真是"不霜清见底，漱石寂无声。"（明·李开先）

　　济南泉眼多，名泉七十二。孔子弟子三千，贤人七十二。巧合吗？济南地势低海拔低，居泰山北麓、悬河岸边……故泉涌处处。认为修地铁、建高楼等城市建设阻断泉流，无甚根据，似杞人忧天。

　　济南古迹多名胜多。千佛山与趵突泉、大明湖并称济南三大名胜。其中，兴国禅寺崖壁上刻有隋代佛像 9 窟 130 余尊，栩栩如生。佛学价值和雕刻艺术均属一流，值得研究。

　　赵孟頫画的《鹊华秋色图》，济南人说的"鹊华烟雨"，指的都是黄河北岸的鹊山和南岸华不注山一带风景。此外，梯子山、湖山、锦屏山、五峰山等，皆特色鲜明，自然人文遗产名不虚传，值得一游。

"海右此亭古，济南名士多。"这是杜甫说的。而人文之奇，莫过二安。宋有北南，性有男女，词分婉约豪放。读李清照（号易安居士）词，知齐鲁女子亦多愁善感，花草山水人文之美；读辛弃疾（字幼安）词，知山东汉子气吞万里如虎，家国情怀浓烈。一柔一刚，济南兼具。

济南阿胶、锡雕、亓氏酱艺等，闻名遐迩。济南物产丰盛：平阴玫瑰香如海，明湖蒲菜口感佳，章丘大葱长脆甜。此外，北园白莲藕，明水香稻（一家蒸米十家香），莱芜生姜（光绪实物税品种之一），高庄芹菜……名声在外。济南土肥水美，黄河冲积，早晚温差大，农产品真是好。济南的宫保鸡丁、油旋、章丘烤肉、莱芜口镇香肠、酥锅、甜沫、把子肉等，皆世间美食，民之口福也。

济南人口逾千万，本外币存款超 2 万亿元，人均存款约 20 万元（2020 年末）。像中国其他城市一样，改革开放初期，资金稀缺，资源宝贵，所以，企业"求"银行。如今，存款数字上去了，资金稀缺性已大大弱化，银行开始"求"企业了。一个好项目，一个好客户，银行像饿虎扑食一样扑上去。政府企业存贷款双招标做法，极大地压缩了银行利差空间，对银行来说，竞争压力、经营压力明显加大。然而，对整个社会和时代来说，又是一个好现象。

济南是中国重工业城市之一。重型汽车、隧道盾构机、数控机床等，在国内外市场均占有一定份额。齐鲁软件园、浪潮等平台、企业，也有一定名气。制造业是现代社会安身立命之基础，无工不富，任何时候都不要轻视制造业，更不能搞空心化、虚拟化。

济南俗尚文儒，兴学重教。古有闵子书院、历山书院等，今有山东大学等高校研究机构。一个地方教育上不去，科技上不去，是没有前途的。

成都

　　成都，以花名蓉城，以丝织品曰锦城。地处盆地，雄踞天府。古时对外交通极其不便，有"蜀道难，难于上青天"之说。多次成为地方割据政权（巴蜀政权、成汉政权、大夏政权、大西政权等）之都。其中，三国蜀汉政权最有名，许多人、事因吴贯中的《三国演义》而家喻户晓。

　　成都人好闲，好美，或亦好斗，有山民遗风。气候湿润，喜麻辣。爱享受，会享受。雾重云厚，肤色佳。天色阴郁，好乐。农业灌溉系统发达，都江堰闻名遐迩，时无饥寒之患，"天下谓之天府也"。方言幽默，民风达观。

　　成都人聪明、实在、实干、守信。面子不如票子，空谈不如实干。思想解放，心态开放。成都人是天生的艺术家，建筑装饰特色明显，且赏心悦目。城市天际线较美，色彩协调，细节处理到位。"三旧"改造，良性循环，拆迁不再困难。环城快速绿化带宽达 500 米，真是大手笔，值得很多城市学习。但城乡接合部不能任其野蛮生长，机场周边居民建筑太多也不好。成都教育卫生、电子工业、航空航天、武器制造等，基础雄厚，水平较高。

　　成都、四川，人才辈出。苏东坡之达观、豪迈，郭沫若之博学、风度，朱德之忠厚、持重，邓小平之灵活、实在……皆造福中国、影响深远。川剧变脸、吐火等演技，观者印象深刻！

　　成都文物古迹多，武侯祠、宽窄巷、安顺廊桥、合江亭、杜甫草堂等很有名。锦里等新开发的去处，古色古香，热闹非凡。汉服深受年轻人喜爱。非遗产品和工艺比比皆是。小吃之丰富，超出想象。麻婆豆腐、三大炮、夫妻肺片、伤心凉粉等名吃，令人捧腹又吓人一跳。成都被誉为中国最具烟火气的城市，却无油烟味、下水道味，空气质量较好。惜游人太多，摩肩接踵，声音嘈杂。与宋时描述："士女栉比，轻裘丫服，扶老携幼，阗道嬉游"区别不大。

四川21个地市，人口9000余万，成都一市人口占1/6，而经济总量占1/3，说明四川区域不平衡比较严重。城市化率刚过半，说明城乡不平衡亦严重。四川开发任务还相当重。

四川属中国内陆地区，有过内乱，特别是明末张献忠两次屠城，然罕见外患。是中国的大本营、大后方，战略意义明显。又处长江上游，生态保护、可持续发展格外重要。成都，中国西南重镇！

成都人均经济实力、人均收入、储蓄等，在中国省会城市里并不高，但成都人幸福指数却不低，满足感相当强，环境友好。可见，钱与幸福没有必然的联系，不存在正相关。

成都东有龙泉山，西有龙门山。照相机可拍摄到海拔7756米的贡嘎山。成都水系发达，杜甫的"窗含西岭千秋雪，门泊东吴万里船"的诗句，应系实景！成都物种丰富，尤以熊猫最为珍稀。成都历史悠久，金沙遗址及其出土文物显示早期文明的繁荣，金器、象牙工艺发达且成品精美。同时，成都人的太阳崇拜倾向、季节轮回认识，以及对于黄金的富贵象征意义和祭祀价值等感受非常明显。

武汉

武汉是历史名城。从 3500 年前的盘龙城遗址，到崔颢笔下的黄鹤楼，到新中国建造的武汉长江大桥；从清代对外通商口岸，到湖广总督张之洞办洋务（汉阳兵工厂等）；从把皇帝拉下马的辛亥首义，到毛泽东横渡长江品尝武昌鱼……武汉，真的是一座名城。

在中国地图上，武汉是一座要塞。长江穿城而过，遂有江南之说；汉水逶迤而来，始有三镇格局；京广铁路，犹如大动脉，贯穿南北，九省通衢，海陆空交通极其便利。东西南北，人文荟萃，武汉底蕴极深。

武汉冬冷夏热，居民脾气比较暴躁，言语生硬，动辄打骂，给外界留下不太好的印象。武汉人聪明，但言胜于行，内耗有余，开拓不足。武汉人个性较强，是非清晰，爱憎分明，敢爱敢恨。武汉简称汉，名副其实，是中国最具阳刚之气的城市。

广东人吃龙虾和蛇，湖南人吃辣椒和王八，上海人吃鳝丝，武汉人吃乌龟。蛇和乌龟，在中国传统观念里，是有灵性的动物。食之，令人毛骨悚然。然而，这也说明武汉人无所畏惧。武汉菜，不构成菜系。但热干面等小吃，还是很有名的。

武汉有山有水，而且极其大气。武汉城市建设品质，就目前论，与先进水平还有一定差距。规划较乱，精品不多，基础设施投入不足，精细化也还不够。同中国其他城市一样，距美丽、宜居的标准还有比较长的路要走。武汉湖多，要做好水的文章。水清岸绿，是最基本的要求。建有灵气的城市，像东湖那一片，才能留住人、吸引人，打造武汉亮丽名片。不过要承认，武汉在变，变得一天比一天好。过去印象：街道铁路两边、江堤湖岸及居民小区脏乱差，在有组织、有计划地改变，城市总体上变得美丽起来。

与湖南的名气大于长沙相反，武汉的名气大于湖北。湖北经济总量1/3集中在武汉，月明星稀，湖北发展不均衡。武汉的吸附力大于辐射力，这不是好事。湖北必须把其他城市发展起来，同时，增强武汉中心城市的辐射带动作用，才能真正做大、做强湖北经济。

武汉高校多，名师也不少，这是武汉未来竞争的底气。如何让人才留下来，如何让科研成果转化为现实生产力，如何打造最佳营商环境，这是武汉党政需要认真思考的问题。与上海、广州、深圳等城市相比，武汉有后发优势，空间大，地价便宜，市场广阔，生活成本和创业门槛较低，生态也不错。因势利导，必大有作为。

武汉有自己的看家本领和强势产业。过去有武钢、武重等著名工厂，现在有长存、长飞等高科技企业。摆脱掐脖子的手，武汉是能帮上忙的。

武汉有四大丛林，其中，汉阳归元寺最为有名，楹联写得相当好，如，大肚能容，容天下难容之事；慈颜长笑，笑世间可笑之人。何其宽容、豁达！又如，天下事了犹未了何妨以不了了之，世外人法无定法然后知非法法之。多么明智、洒脱！再如，想了便做，做了便放下，了了有何不了；慧生于觉，觉生于自在，生生还是无生。不是这样吗？知行合一，为而不居，自觉自悟，襟怀坦荡！

郑州

郑州是河南省府。"天地之中"，需问西安；"功夫郑州"，不如商都名声显赫。杜甫、白居易等皆郑州人，郑州可谓人杰地灵。全国28姓氏源于郑州，寻根拜祖，不亦悦乎！文物古迹逾万，除儒道佛之外，还有体现豫商精神的康百万庄园，历史久远的城墙遗址等，底蕴深厚。

少林寺名满天下，功夫二字成世界语。然夸大、神化武林功夫，要闹笑话，亦辱中华文化。功夫，健身而已。

嵩山，中岳，五岳之一，壮哉！塔林，名僧墓地，设计精美。庵，居者亦有和尚，未必尽为尼姑。黄河、黄帝，皆中华人文之源起，不敢忘怀。

黄河，是中国人的母亲河。河南段、郑州段，历史上，灾难最深重，同时也是在这一段，创造的文明最辉煌。艰难困苦，玉汝于成，岂虚言哉！

郑州经济仅次于北京、天津、青岛，中国北方第四城，发展迅猛。郑东新区规划较好，建设较好，山水人文，交相辉映。中原大地，不可小觑！

横平竖直，一眼贯穿，东西采光，南北通风，井字型规划最简洁、最简单，交通组织最科学、最有效。古代城市建设顺地势而为，重型建筑机械缺乏，是没有办法的办法。今天再拐弯抹角，是食古不化的表现。中国城市包括郑州在内，规划建设方面还有欠缺。

嵩阳书院的意义，不在于它是北宋四大书院之一，而在于赵宋王朝，中国读书人身处最宽容、最大度、最令人羡慕的年代，他们无须担心因言获罪！也因此，宋代文学、史学、科学等成果，最为丰硕！

道教是中国本土宗教，是最有可能在化学、天文学、医学等领域取得成就的宗教。可惜它既没有得到历代政府的重视和支持，自身也走火入魔装神弄鬼去了。看见中岳庙、观星台等古迹，心情难免复杂！

　　郑州，交通要道，官商辐辏，人文荟萃，俊男美女占比相对高。开封、登封，应与郑州一体化，打造中原城市群。

　　河南过去被黑得厉害，几乎成了骗子的代名词。事实上，从银行的不良率看，它并不比别的地方高，说明河南人还是讲信用的，有契约精神的，没见过什么大的诈骗案。

　　郑州饮食，综合南北东西，不淡不咸，不辣不辛不甜，色香味俱全。

西安

西安是一座古城，有 6000 多年的建城史。蓝田猿人、半坡先民是西安人的老祖宗。西安是世界四大古都（其余三个为罗马、开罗、雅典）之一，是中国的福地、宝地。唐及唐以前计有十余个王朝在这里建都，号令天下时间最长。秦汉、大唐更是蜚声中外，令人神往。政治倾轧，亦令人嘘唏！"闻道长安似弈棋，百年世事不胜悲。"（杜甫）

西安地处关中盆地。沃野千里，富饶安康。主城区在秦岭以北，渭河以南。故境内河流多从东南山区流向西北平原。"西北望长安，可怜无数山。"（辛弃疾）2020 年，常住人口 1300 万，可谓人丁兴旺。西安交通大学、西北工业大学、西安电子科技大学等闻名遐迩，可谓智慧。兵马俑、古城墙等文化遗产甚多，可谓底蕴深厚。一个有文化底蕴、有科技实力的城市是一定要脱颖而出的。然而，从北京飞近西安鸟瞰，山区开发过度，裸土占比偏高。或许因为机械和电力帮助，人们都生产、生活在山顶、原上，生态环境令人担忧。"回头下望人寰处，不见长安见尘雾。"（白居易）

西安人口占陕西省的三分之一，GDP 占全省百分之四十。全省城镇化率超过百分之六十，接近发达经济体。与此同时，陕西省各地发展不平衡，西安一城独大；发展不充分，陕北、陕南仍相对贫困落后。政府要注意这一点，下大力气把地级市和县城做大做强，疏解非省会城市功能与人口，同时，将省属资源、机构适当从西安剥离出去，以便省内其他城市发展。

西安城市建设进步明显，特别是曲江新区。大部分地区干净、清爽，部分地区已相当漂亮。绿化水平较高，工程质量较好。店铺装饰高端，内部陈设美观、雅致。大唐芙蓉园、大明宫、曲江池、华清池、大慈恩寺、大小雁塔等景点，以及西安电影制片厂旧址文创博物等，皆属国内一流。

西安北边是渭河平原，东南边是秦岭，真正的开门见山。与北京南面是华北平原、西北边是燕山相反。从一般建筑坐北朝南，背靠大山、前门视野开阔这两点上说，建都西安的确不如建都北京。

西安的文化，主要由古代中国皇家文化、佛道宗教文化、儒家文化和市井文化构成。皇家文化之恢弘，除北京外，中国其他城市均与西安不可比。宗教文化之深沉和悠久，在中国亦算名列前茅。

苏州

从吴王阖闾命伍子胥造城（公元前 514 年）算起，苏州已有 2500 年建城史，是真正的中国古城、名城。沧浪亭、同里等九处列入世界历史文化遗产名录！苏州至今保留胥门、胥路、胥江等地名，纪念伍子胥这位苏州城创建人和历史名人。

《枫桥夜泊》："月落乌啼霜满天，江枫渔火对愁眠。姑苏城外寒山寺，夜半钟声到客船。"在中国，可以说，这是一首妇孺皆知的唐诗。让姑苏，即苏州和寒山寺名闻遐迩的作者张继与吴越春秋时的伍子胥都是湖北人。一个建造苏州，一个宣传苏州，看来苏州与同饮长江水的湖北人有不解之缘。

给城市定级别，且一定多少年不变，让许多快速发展的城市深感委屈。从人口、经济总量、税收、知名度等角度看，苏州无疑是中国第一地级市，因此也可以说是最憋屈的城市，像个穿儿童衫的成年人站在那儿一样令人同情。同时，由于苏州实力雄厚，官员们的自豪与骄傲溢于言表。

苏州的今天，是天时、地利、人和综合作用的结果。改革开放，走社会主义市场经济道路，中央政府决定与新加坡政府共建苏州工业园等，这是天时。毗邻上海，海陆空交通便利，宜居，鱼米之乡，有空间，这是地利。人文底蕴深厚，名胜古迹多，营商环境好，居民勤劳、智慧、守信，人才辈出，这是人和。

如果说"江南"是一个抽象的、诗画一般的概念，那么苏州就是一个具体的、活生生的江南存在。粉墙黛瓦，小桥流水，园林古寺，名门窄巷，吴侬软语，脍不厌细……无不展示出江南的韵味和气质。

谚云："上有天堂，下有苏杭。"苏州自古及今是一座美丽宜居城市。

据考证，这个谚语始于元·奥敦周卿《双调蟾宫曲·咏西湖》。所谓"天堂"，按历史学家、苏州老乡顾颉刚先生的描述，无非是"饮酒、品茗、堆假山、凿鱼池、清唱曲子，挥洒画画……他们要求的只是一辈子能够消受雅兴清福……只是一味眷恋着温柔清幽的家园。"对照这样的标准，中国很多地方都可以叫天堂了。我的解释是，苏杭一直是中国比较勤劳从而经济比较发达的地方。"阊门四望郁苍苍，始觉州雄土俗强。"这是唐代白居易《登阊门闲望》中的诗句。"是世世忠孝，有功于国家甚大也！"这是明代魏校《庄渠遗书》中的记载。"红尘中一二等富贵风流之地"，这是清代曹雪芹对苏州的评语。可见，苏州被誉为人间天堂一点也不奇怪。天堂绝不可能出现在比较贫困落后的地方。

福州

福州的广告词是"有福之州"。事实上，幸福与不幸总是同时存在、相倚相伏。没有绝对幸福的城市，也没有绝对不幸的地方。大体上说，居民的日子越过越好，就算有福了。

福州历史悠久，是一座名副其实的老城市。与厦门相比，近山而远海，夏天比较闷热。未来发展"东进南下，沿江面海"的空间布局可以优化它。福州在宋代的时候，即榕树成荫，所以又叫榕城。出过不少名人，如林则徐、严复、林觉民、林纾、冰心、陈岱孙等。宋末、明末，福州还做过临时国都，虽然有点悲壮。

福州是中国最早对外开放的五个城市之一。明、清两朝奉闭关锁国为国策。鸦片战争失败后，清王朝被迫开放。开放，对中国来说，意义重大。尽管是被迫的、带屈辱性的，更像是被轰开的；尽管与主动开放、自动开放、主动权掌握在自己手里的开放不同。历史和实践证明：开放总比封闭好！

三坊七巷，是福州最美的记忆，是中国传统城市建设的典范，是游客最好的去处。福州政府高瞻远瞩，大手笔，修缮利用，造福当代，必须点赞！

福州、福建新老华侨众多，海外联系密切。很多方面，开中国风气之先。"爱拼才会赢"这首歌一度风靡全国，最能体现这一带人、这一部分人的生存哲学、精神品质和价值追求。福州、福建能从一个比较落后的沿海地区迅速崛起，成为相对发达的地方，靠的就是一股拼劲儿及其人文历史底蕴。

福州与台湾隔海相望。两岸和，则为优势；两岸斗，则为劣势。和平统一，两岸共赢，福州更有利。台湾人祖籍福建的相当多，占 80%。

福州茶文化相当发达。茶叶生产规模大，茶叶加工水平高，茶叶市场交易活，茶叶研究造诣深。茶馆林立，海阔天空，无茶不会友。功夫茶，既见饮者之闲适坐功，也看沏茶浓度、温度。功夫茶花费的时间和消费的茶叶了得！

妈祖信仰、妈祖庙，是福建、台湾等地特有的文化现象。一则，体现渔民及其家人强烈的平安意愿；二则，体现居民知恩报德和世俗实用的潜意识；三则，体现渔业海外贸易等职业的高度认同协同的工作理念，妈祖庙类似其社团组织；四则，体现男女分工：男人出海，女人看家。所以，妈祖不只是历史上真实存在的女人（宋，林默娘），更是宗教和情感意义上的女人。

福州有一个很可喜的经济现象，那就是辖内贷款余额超过存款余额，并且，不良率和核销率都低。一则，说明福州乃至福建的干部群众、政府企业干事创业。他们想做事，愿做事；敢负债，善负债，不怕债；是天生的经济学家和企业家，善于化储蓄为投资，化货币为资本，化资源为财富，化负债为负责，化银行为出纳。二则，说明政府和企业项目谋划科学精准。闽商认真，周全。善作善为。能做事，做成事。看得清，看得准。项目效益好，资金良性循环，能赚钱，能还债。三则，说明福州、福建人讲信用，重诺言。营商环境一流！银行信任他们！

厦门

厦门是一座典型的海岛城市、海滨城市。小巧玲珑，清爽通透。不过，早期的厦门人并不像厦门的天气和地形那样通达透亮，岛民意识还是比较强的。

厦门开埠于近代，有众多海外侨胞；迅速发展于改革开放之后，鼓浪屿号称世界建筑博物馆，与上海外滩、广州沙面等地齐名，见证了中国近代对外交往屈辱史。厦门同中国其他城市一样得益于改革开放，经济总量、人口规模、城市建设等，成倍增长、扩张。

对厦门影响最大的古人，大概是郑成功。他的军营游戏"博饼"，厦门人至今还在玩。中秋节前后，热闹赛过春节。鼓浪屿岛上塑有郑成功巨幅石雕像。对厦门影响最大的近代人大概是陈嘉庚。他是著名的爱国侨领，华侨旗帜，厦门人的骄傲，创办过厦门大学。厦门留有许多中西合璧，同时体现民族文化自信的建筑群。

厦门的经济总量不大，人口少，人均经济实力排在全国前列。市民生活品质比较高，生活节奏慢。厦门人也曾走过弯路，甚至邪路——走私，后来悔改了，重视工业、科技、教育、文化旅游等，发展势头很好。

厦门拥有众多的高校。厦门大学、集美大学、华侨大学、国家会计学院等，都坐落在厦门。市民素质比较高，是自然的。

南普陀寺是厦门著名的宗教场所，闽南佛学院所在地，毗邻厦门大学，坊间传有类笑话绯闻故事。游客、信众特别多，香火兴旺。中国的菩萨一定很累，请托、拜托的事太多。厦门青礁慈济宫体现的是闽南地区世俗感恩文化，相传宋代明医吴夲，采药抗疫，不幸跌亡，慈济宫就是人们为纪念他而建造。

厦门是一座文体发达的城市。厦门人性情温和，喜欢运动，尤其是羽毛球和网球。运动员林丹就毕业于华侨大学。厦门是一座音乐城，尤其是钢琴，《鼓浪屿之波》优美动听，蜚声中外，艺术情怀和爱国情怀高度统一。厦门富有诗意。著名诗人舒婷，出生在鼓浪屿，她的《致橡树》感动过无数青年男女，并深深影响了他们的爱情观。

　　厦门海鲜质量不比潮汕差，但烹饪技术不如粤菜师傅。闽南话与潮汕话属同一方言。吃饭叫驾崩，茶叫 tea，人叫狼……比较难懂。

宁德

宁德位于福建省东北部，与浙江接壤，俗称闽东。多山，临海。宁德巨变，是习近平新时代中国特色社会主义思想的生动诠释，是弱鸟先飞、滴水穿石科学理念的真实印证。

20世纪八九十年代，宁德闭塞贫穷远近闻名：一条街（104国道穿过），一个红绿灯，缺电，雨后路泥泞，城小似蕉叶，别名蕉城。全省倒数，干部发言权都不能保证。如今，这座约300万人口的城市，经济总量超过2400亿元，财政收入超过200亿元。锂电池、汽车、不锈钢、铜业、港务等，实力雄厚，空间广阔。宁德城市面貌日新月异，处处充满生机与活力。可以肯定，在不久的将来，宁德会置身于中国乃至世界发达城市之列！

宁德历史悠久，底蕴深厚。第一个中进士的福建人，是唐代一个叫薛令之的宁德福安人。为人勤奋清廉，唐皇因其生平事迹感人，特赐廉村、廉溪、廉岭等地名。明代著名思想家、戏曲家、文学家冯梦龙做过辖内寿宁县的知县，著有《寿宁待志》，一心为民，海晏河清。习近平同志在这里做过地委书记，著有《摆脱贫困》，留下十分宝贵的精神财富。古人说：言之无文，行之不远。我理解：言之有文，则行稳致远，宁德是有文化有福气的地方，前程似锦！

宁德拥有天赐良港三都澳，因港兴城是必然的。但三都澳不是一个港务集团能独自规划建设的，也不是渔民能自发自然开发好的。它是全市的甚至全省的全国的。它不应限于港口建设，它应该是一座港城的规划和建设。必须高标准、高质量谋划和推进。以小镇为珠，串珠成链，能容纳百万人口生产生活。现在三都澳有点处于自发状态，不够大气和长远，值得关注。

宁德是畲族人重要聚居地，占全中国畲族人口的1/4。畲族人忠诚、勇敢、勤劳、智慧、知恩报德。据说，革命年代，畲族从未出过叛徒。族人视狗为恩人和祖宗，很有意思。

要致富，先修路。这是中国摆脱贫困的重要经验，也是宁德人民建设家乡的切身体会。"车岭车上天，九岭爬九天。"过去因闭塞而贫穷，现在因交通而发展。在闭塞年代，绿水青山等同于穷山恶水；交通便捷后，绿水青山才是金山银山。

宁德寿宁下党乡，闻名遐迩。习近平同志三进下党乡，留下许多佳话。山高，壑深，地少，人穷，这是老话。现在，天堑变通途，旧貌变新颜。人富了，村美了，闯出了一条乡村振兴的新路，成了宁德福建乃至全国乡村进步的一个缩影和窗口。

宁德、福建之所以发生翻天覆地的变化，有很多原因，其中一条，读书明理。以偏僻的下党村为例，居然有文昌阁，立于半山；有王氏祠堂，存有道光"百人同居""五代同堂"亲笔题词；有世遗鸾峰桥，连通古官道；有省级文物石管水电装置，等等。下党所在县叫寿宁，冯梦龙任知县时，感叹"蕞尔邑而佛宇尔馨，可谓多矣"。说明人是有信仰的、有敬畏的。所以，这儿的穷困不可能长久下去，有了机会，一定能改变。

大连

　　1897 年，俄国人在大连强行零租开埠建市，名曰大里尼。7 年后日俄战争爆发，日本人赶走他们并占领大连长达 40 年。1945 年，苏联红军解放大连。1955 年，苏军撤离。可见，旧中国的大连，是日俄争夺地，是暴徒脚下的一团"烂泥"。大连这样的出身和背景，决定其市民的爱国情怀是与生俱来的。同时，大连人有开放的心态，开阔的视野，这些无疑有利于大连的未来发展。

　　大连造船工艺高，是中国航母之乡。石化、装备制造、重型机械等工业底子厚，尽管还需要精细化。大连是老工业基地，产业工人素质高，能吃苦。惜更新换代、改革创新、与时俱进不够，个别企业变成了"包袱"。当然，也有像大连重工、大连造船这样的实干企业，专利多，拳头产品和名牌产品多，经营稳健。大连一段时期迷恋房地产，后患不小。喜欢搞形象工程，时装表演等。城市涂脂抹粉，追求虚名，对制造业重视不够，乃至现在整体根基不牢、后劲缺乏。

　　大连人口 700 万，GDP7000 亿元，人均约 10 万元。应该说，在中国，算一个发达城市了。但从大连的城市建设，建筑质量和外观，道路和街景，市民的情绪和表现，商店饭店的生意看，看不出。

　　大连有山有水，海滨城市先天条件相当不错，应属美轮美奂。就目前状况判断，大连城市规划和建设任务还相当重。大连人聪明，物产丰盛，海产品尤其鲜美。大连男人长得帅气、女人长得漂亮，人杰地灵。如果建不好，有负这方土地和百姓！

　　大连驻军多，退役军人多，处理好军民关系对大连极其重要。军民融合是完全正确的选择，要大力、扎实推进。军民鱼水情，永远都不能忘记。在和平时期，军用也是民用；在战争年代，民用也是军用，二者不要分得那么开，更不能势不两立、互不相让。

与南方的计划单列市相比，大连可谓地广人稀。所以，大连的发展，首先要做好土地的文章。威廉·配第说：土地是财富之母。要规划好，让每一寸土地发挥作用。其次，大连三面环海，要做好海洋文章，向大海要发展、要财富、要未来。

大连有不少高水平大学，特别是理工类学科。要想办法留住毕业生，让他们在大连工作，发挥他们的聪明才智，鼓励他们创业、立业。让人才愿意来，留得住，不想走。一个地方的竞争，归根结底，是人才的竞争。创造美丽舒适的人居环境，营造宽松友善的人际氛围以及公平安全法治的营商环境，对人才、对企业、对政府、对城市都很重要。

货币是黏合剂，黏合生产要素；货币是催化剂，把资源变成财富。银行十分重要。政府要借助银行，启动杠杆，敢于负债，勇于作为，加大谋划和投资、贸易力度，增加居民就业机会，提高居民收入水平，改善基础设施和民生领域短板。要相信，资产价格上升速度永远高于利率上涨；要相信，剩余价值和利润的存在，并足够覆盖银行利息支出；要相信政府隐性资产足以覆盖隐性债务。

大连是北方商品经济中心之一，与日本、韩国距离较近，是东北最重要的港口城市，是大宗商品交易所注册和运作地。然而，遗憾的是，与长三角、珠三角相比，大连市场意识不强，民间活力不足，官场上想玩不想事的人有，与其交流困难，对正事公事兴趣不大，知识储备也不足。这是大连的隐患和隐忧。官员可是城市的当家人呵！必须德才兼备，有公心，愿干能干。

佛山

佛山，传说与佛有缘。天下四镇之一。"控羊城之上游，当西北之冲要。天下巨镇，岿然居首。"佛山今天经济总量，虽次于苏州、无锡，但近万亿的 GDP，使其雄居全国前列。在广东更是举足轻重：2% 的土地，6% 的人口，创造 11% 的经济总量。

"春风走马满街红，打铁炉过接打铜。"佛山制造业源远流长！"汾江船满客匆匆，若个西来若个东。"佛山商贸誉满神州。"士大夫或以宦游，或以商贾，流寓其间，往往乐而忘返。"佛山，真福地也！

佛山无山，南海无海。真正的文化名山是西樵山：珠江文明的灯塔。许多石器、陶器出土于此，陈、湛心学大家研习于此。佛山人杰地灵，英才辈出：近代改良派代表人物康有为、中国第一家民族企业继昌隆缫丝厂创办人陈启沅、《二十年目睹之怪现状》作者吴趼人、功夫大家黄飞鸿、革命先烈陈铁军等，均生于斯。明清时期，佛山出过 5 个状元，3 个会元，气标两广，喜出望外。佛山是座文化名城，要特别重视遗产保护和光大。

祖庙及其衍生的嘉会堂、大魁堂，既是明清时期佛山士绅议事决事之处，也是其早期城市化（分铺治理防御）、民主化象征之一。

河宕文化遗址，据称是新石器时代末期古越族先民部落遗存。这再次证明，岭南一带并非传说中的蛮荒之地。不过，推断河宕男人平均身高 166 厘米，女人平均身高 154 厘米，让人怀疑。

南风古灶，石湾缸瓦……佛山作为"南国陶都"，早已蜚声中外。今天，佛山陶瓷仍为其支柱产业之一，精美又远胜于过往。

传统上，除了陶瓷，佛山在冶铸、纺织、中成药（比如卫生丸）生产等方面，亦有建树。今天，佛山仍以制造业立市，特别是电器生产和机械制造，名闻遐迩，工业化、城市化一直走在全国前列。

　　佛山毗邻广州，一定要利用好广州的机场、港口、车站等基础设施，要让自己的企业进出口比广州的企业还方便。同时，全域规划，进一步提高城市化和工业化水平，整理和利用好每一寸土地。重视环境建设，创造更加舒适的自然环境和人文环境，吸引、留住企业家。

　　在农业经济时代，手中有粮，心中不慌。到了工业经济时代，手中有地，心中不慌。要实现城市化、工业化，控制土地是关键。集体土地变为国有土地，或者说，收储土地极其重要。这方面，佛山乃至整个珠三角城市都要算大账，算长远账，按照共享原则，或者让利于民的原则，掌握辖内全部土地所有权、规划权。否则，难以改变珠三角地区"乱七八糟"的印象。

江门

　　江门，中国侨都。400多万侨胞和同胞分布在122个国家和地区，其中1/2在港澳台和东南亚，1/3在北美。江门是中国男人最早出海打洋工的地区之一。1882年美国会通过《排华法案》后61年间，美洲华人多从事白人不屑做的工作，干的是苦力，赚的是辛苦钱。留在江门的主体，据说是南宋"珠玑移民"，尊罗贵为南迁领袖。故"移"字早已深入江门人的骨髓。江门人虽四海为家，但根在祖国、在家乡。无论民主革命、救亡图存、改革开放，江门人的义举和爱国热情都是感天动地、可歌可泣的。例如，郑潮炯卖子救国。江门政府要始终感恩侨胞和同胞。

　　16世纪初，葡萄牙人在江门上川岛建贸易据点、天主教堂。大洲湾遗址是海丝中国段目前已知的唯一外贸遗址。西学东渐，江门工业、建筑、体育、金融等，最先耳濡目染，开岭南风气之先。可惜，明清时期闭关锁国，夜郎自大，严重影响了江门近现代化进程。

　　江门出过心学大家陈献章，从祀孔庙，被誉为"岭南一人""圣代真儒"。出过梁启超，近代改良派代表人物，学术巨擘。出过戴爱莲，中国舞蹈教育先驱。银信、碉楼分别入选世界记忆和文化遗产。出过冯如，中国第一位飞机设计师。出过司徒美堂，中国致公党创始人。出过李铁夫，中国油画之父。可见，江门是有思想、有底蕴的风水宝地。

　　江门辖三区四市，面积不足一万平方公里，西高东低，平原面积不到18%。所以，选择工商化、城市化道路是完全正确的。如今江门常住人口城镇化率已达66%，二、三产业合计占比达93%，趋势很好。

　　"天降三台一伟人……百粤交通若比邻。"颂扬的是美国华侨陈宜禧。在五邑历史上，陈是致力于交通建设（新宁铁路）功绩最大的人。江门要弘扬陈宜禧精神，把交通路网规划好、建设好！

江门有革命遗址 180 多处。《刑场上的婚礼》原型周文雍就是江门开平人。"周虽旧邦，其命维新。"有革命精神的地方，一定不甘于贫穷、落后。江门要继承和发扬革命传统，勇于创新，走在时代前列！

江门是海洋大市。要重视海洋经济发展，做好海洋这篇大文章。川山群岛等旅游开发要跟上去。

江门（恩平）地热资源要好好利用，冬天温泉度假，对北方人很有吸引力。新会陈皮等特色产业要做优做大做强。

相对深广佛莞，江门地广人稀，潜力巨大。要看到并利用好土地空间优势，谋划、建设好江门。江门现在 GDP 不到 3000 亿元，人均低于广州郊区增城。江门政府必须发奋图强，才能对得起这方土地和父老乡亲。

湛江

湛江地处中国大陆最南端（极南），三面环海，三省结合，位置特殊。拥有天然深水良港（40 万吨级船舶），是中国大陆通往东南亚、非洲、欧洲、大洋洲航程最短的口岸。湛江成为粤西中心城市是可能的，也是应该的。这座城市没有理由不发达。

湛江水产品产量居广东首位。又是国家最大的桉树、剑麻生产基地。油气、热带亚热带作物等资源丰富。海洋经济、热带经济潜力巨大！可惜，湛江人近千万，至今 GDP 才 3000 亿元人民币，人均经济偏低了一点。

湛江拥有天南重地、国家级历史文化名城雷州（三元塔：四面八方九层），拥有雷剧、东海人龙舞、吴川飘色等国家级非物质文化遗产。拥有高校七所。湛江的文化底蕴是深厚的，鲤鱼墩贝丘遗址显示，7000 年前，这儿即有人居住；大汉三墩是汉海上丝绸之路的始发地；唐陈文玉被尊为雷祖，"人物熙熙风景盛"（寇准）；雷州换鼓被誉为天下四绝之一（冯梦龙）。不振兴，对不起老祖宗，对不起这方宝地，对不起父老乡亲，也对不起给这座城市取名的民国时期人李月恒先生。

湛江战略位置十分重要。它是国家经略南海的重要保障基地，是驻军大市。湛江要为军队服务，善待军人。要特别重视军事工业发展，发挥其支柱产业作用，包括军火生产、船舶重工业发展等。

雷州一带，有"上刀山下火海"的祭祀仪式和认狗为祖的习俗。其中蕴含的敢闯敢干、无所畏惧的"雷公"精神以及忠贞不渝的义犬品德，是广东改革、开放成功的文化基因，也是广东继续前进的文化动力，值得发扬光大！

历史上，寇准、苏东城、秦观、李纲等名人，都谪居过或贬经过湛江。然而，他们不以己悲，淡泊明志，坚持为民，"愿以所知，施及斯人"（苏辙），做了很多有益的事，至今人们还感激他们，纪念他们。共产党人应该汲取中国古代优秀文化遗产，学习其优秀品质。

　　对省会城市广州来说，湛江是粤西。但对海南来说，湛江是其登陆地。所以，湛江要与海南相向而行。要尽快实现宋代李纲"海北与海南……跨空结飞梁"的梦想。对北部湾地区和国家，对菲律宾、马来西亚、新加坡，以及南太岛国来说，湛江是最好的最近的港口城市，所以，湛江要大力发展港口经济，眼睛向外，做大做强外贸，切不可只盯着省内。

　　湛江天时、地利、人和俱备，自然环境优美。拥有中国第一长滩（东海岛），中国最大的火山岛（硇州岛），中国大陆架浅海连片面积最大种类最全珊瑚礁……要好好规划。建世界名城，中国名胜，时代名片，旅游名市。要有地标。起点要高，标准要高，质量要高。宁愿慢一点，也要好一点。要有前瞻性，一时想不清楚的地方，留白，让后人去想。低层次重复建设，是浪费，要规避。湛江人民"敬贤如师，嫉恶如仇"（文天祥：《雷州十贤堂记》），依靠这样的人建设现代化生态湛江，指日可待。

海南

汉武帝之前，海南基本上处于峒主分治、百兽乱舞状态。路博德、马援二度"伏波开琼"，海南正式纳入中原帝国版图。但真正收服海南人心的是冼夫人。海南的历史，是一部中原移民史、衣冠南渡史、高官流放史（从隋炀帝堂弟杨纶开始）、文化融合与进步史、海岛海域开发史、南洋闯荡史。

海南，是中国的陆地小省（3.4万平方公里）、海洋大省（200/350平方公里）。海南要有大发展，必须做足做深海洋文章。海洋经济科技是海南的立省之本。

更路簿（水路簿）是海南渔民世代耕海牧渔、航海贸易秘籍，是帆船木板时代的产物，中国海洋文明的缩影。更路簿主要记录海上岛礁从哪到哪的方位（罗盘）、距离（海里）、时间（更）、水流、风向等，现存世约30本，也是我国南海岛礁、海域主权主张重要历史依据，弥足珍贵。

黑格尔在《历史哲学》中声称，中国仅有农耕文明。这是极大的误解。因为他和其他类似学者不了解中国悠久的航海史，不知道渔民祖传的更路簿（南海136个岛礁乳名记载清晰），不研究《汉书·艺文志》提到的《海中星占验》等文献，不晓得中国渔民特有的文化、技巧、习俗和信仰。比如，海南渔民三句口头禅："再大的风浪也是船底过"，"宁可死在海里，也不死在家里"，"踏平南海千顷浪"等。比如，父子同船禁忌，海神崇拜。比如，望云相、辨海况、定岛礁、避风暴、觅渔场。比如，视南海为祖宗海！与西方的海洋文明相比，中国的海洋文明始终是和平的、崇高的、自发的、民间的、非殖民和非军事化的。

1988年，海南从广东划出，独立建省。这一决策极其正确，提升了海南政治地位和建设自主权，促进了海南经济社会迅速发展，效果明显，意义深远。今日之海南，人口近千万，GDP 过 7000 亿元，人均存款逾 10 万元，旅游业、服务业日益发达，是人们冬季度假的好去处。不过，海南要真正成为国际旅游岛，规划起点一定要高，建设标准一定要高。宁愿慢一点，也要好一点。到 2020 年末，海口、博鳌、三亚、崖州等城市建设，除旅游景区、饭店周边外，整体上层次偏低，质量也不太高。海南财力约 1000 亿元，其中一半靠中央转移支付。

海南拥有独特的地形地貌和人文地理。从空中鸟瞰，它像一只游向大陆的乌龟。五指、黎母恰如龟背。三条大河，无一条南下，乃至三亚地区干旱干燥。海口者，南渡江之入海口也。初，岛上有熊而无马亡虎！落笔洞据称是海南人文物历史起点，发现古人类牙化石 13 枚，距今约一万年。黎族是岛上原居民，海南少数民族代表。《隋书》说他们"率直尚信，勇敢自立，重贿轻死，巢居崖处，尽力农事"。海南名人辈出，纺织女神黄道婆，全真道南宗五祖白玉蟾，海南双璧丘濬海瑞，宋氏三姐妹等。海南著名神话有：开天辟地的大力神，忠贞不渝的甘工鸟，众生平等的鹿回头。

海南是一片热土，全省都是经济特区。但也难免鱼龙混杂，鱼目混珠。多次信用危机，多处房地产泡沫，多家金融机构关闭以及海南航空公司破产，负面影响巨大！海南要提高驾驭能力，强化管理手段，打造诚信海南、法制海南、高质量海南。没有银行的支持，海南不会有大的发展。而要取得银行的支持，诚实守信最根本、最起码。坑银行者，自掘坟墓也；占小便宜者，必吃大亏。

海南岛是生态岛。沉香、黄花梨等，木中奇品。生态，是海南的优势和底色、底线。无论怎么发展，都不能牺牲生态；不能破坏植物、动物的多样性。听说有人提出在海南岛实施"三棵树"战略，这很危险、很无知。多样性一旦破坏，后果不堪设想！

湘西

如果有人问：湘西、凤凰城在哪里？湘西人会自豪地告诉你：在沈从文的书里，在黄永玉的画里，在宋祖英的歌声里。

凤凰城很美，也很气派。但管理和建设还有待完善。广场舞音乐损害了古城的宁静，商店过多、过滥冲淡了古城的文化，下水道异味影响了古城的纯洁，城外建筑和天际线伤害了古城的和谐、典雅与质朴。

如果你想了解湘西、凤凰城，你只要动手或动嘴，百度会迅速、全面、准确地告诉你；如果你不知道怎么去，导航会忠实、耐心、精准地引领你。如果你希望亲身感受湘西自然景观之神奇，凤凰城人文景观之厚重与魅力，你只能身临其境、静静体验和回味：沱江的水，坚固的凤凰城（明清西南"战区"和南长城"建设指挥部"）矮寨大桥的当代神工，十八洞村等深度贫困村寨的沧桑巨变，杆军的传说与传奇，定鸡、上刀山、下火海等民间绝活，熊希龄、沈从文等名人故居和故事……

湘西自治州约 300 万人，80% 是苗族、土家族。1.5 万平方公里，山多，耕地少，人口密度比衡阳低。湘西菜肴精美，米酒醇厚。近年扶贫效果明显，生活条件大大改善，但贫困痕迹还在。苗族中老年人个子普遍矮小，据说，与过去近亲结婚有关，也不排除长期营养不良所致。

苗寨的习俗，随着时代变化，已逐渐改变，有的已消失。如，冰箱出现，烟熏肉少了；煤气天然气出现，柴火饭少了；交通方便及殡葬改革，赶尸没了；医学发达及低保制度实施，放蛊婆没了；饮用水达标，跳溶洞的女人没了；警察制度完善和依法治国推进，血盟滋事的现象没了。

中国城市如同中国人，都有别名、雅号。衡阳叫雁城。怀化呢？别称

"鹤城",古称"鹤州""五溪"。地处湖南西部偏南,武陵山脉和雪峰山脉之间,总面积27564平方公里,常住人口约500万,人口密度相对低,发展空间比较大。

怀化二字本身,隐含历史信息和儒学理想。宋熙宁七年(1074年),朝廷派章惇以武力平定"南江蛮",撤销羁縻懿州,置沅州及卢阳县,并改"蛮砦"为怀化砦。翌年,改怀化砦为怀化铺。明洪武元年(1368年),怀化铺改置怀化驿。民国三十一年(1942年),命名怀化县(现怀化市)。 1975年,黔阳地区党、政、军机关迁驻怀化,1981年6月更名为怀化地区。1998年撤销怀化地区,改设地级怀化市。今有"黔滇门户""全楚咽喉"之称,是中国中东部地区通往大西南、东南亚国家的"桥头堡",地理位置十分重要。

2019年,怀化生产总值(GDP)1616亿元。其中,第一产业实现增加值224亿元;第二产业实现增加值448亿元;第三产业实现增加值943.86亿元。人均GDP才32453元。可见,经济实力偏弱,山清水秀而民居和城建美感偏低;工业欠发达,开发任重道远。不过,增长率较高,说明趋势不错,有后劲。

农村规划、建设必须摆到政府议事日程上了。以怀化为例,山多耕地少,列车隧道一个接一个,而农村住宅还大量占用宝贵稀缺的耕地资源。这是不应该的。再不规划调整整治,恐怕后患无穷。振兴乡村也好,建设美丽乡村也好,必须将农村住宅相对集中于不宜耕种的山边建设,同时,引进农业龙头企业,鼓励土地流转,推进农业机械化、自动化、智能化,将传统意义上的农民,转变为现代农业工人和现代农业企业股东。

怀化森林覆盖率较高,有的山头松柏树较多,景色宜人;有的山头大树砍光,改种了果树,像癞头,不好看,有点可惜。一般人的想法,影响是有限的,实现是困难的。地方主管的想法不一样,必须慎重,因为行政权力可以把未必科学的想法轻而易举付诸实施,造成严重后果。不留后患、隐患，这是官员的起码要求。

怀化与湘西自治州接壤，风土民俗相似。古镇、古村、古迹较多，交通状况不错，应该向湘西学习，大力发展旅游业、民宿等，增加就业和收入。

怀化人重义尚武，热情好客。饮食文化地方特色明显，例如，青蒿炒饭。据称祛邪，防疟疾。葛洪《抱朴子》之后，屠呦呦获诺奖之前，虽知其然不知其所以然，味道也不太可口！